天下文化

BELIEVE IN READING

天下文化 遠見

財富的靈魂

行為金融學家教你洞悉人性的致富心態

三屆「公理商業圖書獎」金獎作者

Daniel Crosby 丹尼爾・克羅斯比

卓妙容——譯

The Soul of Wealth

50 Reflections on Money and Meaning

獻給卡崔娜，
有了妳，我的靈魂才完整。

獻給夏洛特、連恩和蘿拉，
你們就是我的全世界。

目錄

第2部　面對財富的心態

第3部 抓住財富，也要守住幸福

第4部 累積財富需避開的心理陷阱

前言

財富的刻意思考

傑出的阿富汗裔美籍小說家卡勒德・胡賽尼（Khaled Hosseini）在家喻戶曉的《追風箏的孩子》（*The Kite Runner*）出版之後，放棄行醫，專職寫作，並且出任聯合國難民署親善大使。這本廣受好評的小說以阿富汗風起雲湧的歷史和政治動亂為背景，透過強而有力的敘述手法描繪家庭和友誼的感人故事，深深吸引無數的讀者。

小說主線是兩個男孩阿米爾（Amir）和哈山（Hassan）的人生旅程，以及他們的友情遭遇背叛的考驗。但是胡賽尼在其中穿插一條支線，講的是一個家徒四壁卻與妻子異常恩愛的小人物故事。有一天，這位貧窮男子在機緣巧合下得到一個神奇的魔法杯，他發現，如果他對著杯子哭泣，掉入杯裡的眼淚就會變成珍珠。他的個性開朗，極少流淚，所以他必須想出一些讓自己悲傷的理由才能發財。這個人開始製造悲傷，隨著他的珍珠不斷增加，他的貪婪也跟著膨脹。故事很快來到悲慘的高潮，這個男人站在一大堆珍珠之上，手裡握著一把刀，腳下躺著被殺害的妻子，他正失控的對著魔法杯痛哭流涕。

這個結局闡述貪婪無度的破壞力，也揭示對財富的冷酷追求會如何將普通人引入再也無法逃脫的陰森幽暗之地。

我們可能都認識像故事裡貧窮男子一樣的人，他們努力追求更大的財富，以致在過程中迷失自我。事實上，我有時甚至覺得那個人可能就是自己。

歷史上最偉大的導師之一曾經意識到人類具有這種傾向，警告他的門徒千萬不要掉入這種陷阱：「人若賺得全世界，賠上自己的生命（soul），有什麼益處呢？人還能拿什麼換生命呢？」（馬太福音 16:26，和合本）。*

人類發現自己正站在一個奇怪的十字路口。我們直覺上知道，無論是現實中的財富或靈魂的財富，真正的財富遠遠不只是金錢。然而，我們卻常誤把金錢當成目的，為了追求金錢而犧牲生命中最能讓我們感到富足的部分。

---

*編注：此處要呼應書名《財富的靈魂》（*The Soul of Wealth*），soul 在中文同時有「生命、靈魂」的意思。原文：For what is a man profited, if he shall gain the whole world, and lose his own soul? Or what shall a man give in exchange for his soul?" (Matthew 18:48, KJV)。

我寫過兩本書來幫助投資者了解自己與金融市場的行為，以利優化個人財務的成果。你可以將《財富的靈魂》視為《行為投資金律：完勝90％資產管理專家的行為法則》（*The Laws of Wealth*）和《非理性效應：行為財務學家專家帶你洞悉人性本能，突破投資盲點》（*The Behavioral Investor*）的系列作品，也可將它視為以豐富生活的方式消費、儲蓄、投資和給予的指南。正如我們將在接下來的篇章看到，追求更高的投資報酬與美好生活兩者其實是相輔相成、同等重要的目標。在本書中，我既不會詆毀也不會讚美財富，而是引導大家明白，金錢並沒有天生的善惡，而是一種能夠帶來福址或禍害的工具。

後面的五十篇短文結合歷史事件、行為科學研究和實際應用，專為讓你閱讀、思考和實踐而寫。我希望你會認為此書引人入勝，但我也必須說，如果你能和朋友、家人、同事或客戶一起品味和討論每篇短文，而不只是一個人埋頭苦讀，應該會有更多的收穫。

「靈魂」的概念被定義為「能夠透過藝術作品或藝術表演特別展現出來的情感或智慧」。如果不去刻意思考，對財富的膚淺追求很可能會剝奪財富的本質。然而，透過深思熟慮的反省、嘗試新的生活方式、追求有內涵的生活，金錢可以成為它本來就該成為的轉化工具。

我的目標是用這本書挑戰你的思維，重新喚醒被遺忘的真理，並賦予你能力，與金錢建立更有活力、情感上更誠實的新關係。

就讓我們先來探討為什麼有靈魂的財富與數字無關。

第 1 部

召喚財富的靈魂

人想要的，真的是富有或金錢本身嗎？
我們經常把「追求財富」當成最終目的；
事實上，我們不但想賺錢，也想賺幸福。

財富，不只是數字

說真的！如果你手裡正拿著這本書，很可能表示你有點過度追求「成功」的傾向。以財富和幸福為主題的書籍並非躺在沙發上無所事事的人喜歡的典型讀物。我身為一個神經質的……高成就者，和你一樣，對設定和追求遠大的目標深深著迷。

想像一下，你完成所有既定目標，甚至包括「額外」目標。身為一個自動自發的人，你很可能開始設定更大的、更有挑戰性的新目標；你也可能改變目標，將注意力集中在未來的大獎上。

但是，即使我們取得一個又一個的成功，你我的成就也許仍然無法和傳奇的馬其頓國王亞歷山大大帝相提並論。他在三十歲時建立世界上最大的帝國之一，領土從希臘一直延伸到印度西北部。他在戰場上無人能敵，被公認是歷史上最偉大的軍事戰略專家之一。

在亞歷山大的生平中，最重要的一項是他征服強大的提爾城（Tyre），這是一座位於島嶼上的海城，以其強大的防禦力被譽為堅不可摧。亞歷山大下定決心要攻下它，在與波斯人對抗的一連串戰役中，公元前三三二年，他策劃提爾圍城戰。面對這場長達七個月的攻城戰，亞歷山大建立起一道封鎖線，修築一條堪稱是當時工程奇蹟的堤道，並建造一座頂部有彈射器的攻城塔。他的士兵最終突破提爾城的防禦。據說，由於提爾人奮力保衛自己的城市，導致亞歷山大犧牲相當多的士兵，對此，他感到非常憤怒，因此摧毀半座提爾城。

這是一次巨大的勝利，全世界都清楚接收到這場戰役所傳達的訊息。相信即使是亞歷山大大帝這樣的指揮官，也會為了這場不朽的戰役，感到驕傲和自信。

然而，事實並非如此。

亞歷山大攻破提爾城後，感到深深的失望和心痛。他在戰役期間失去摯友，也是他麾下最重要的將軍赫菲斯提安（Hephaestion）。赫菲斯提安因急病去世，讓亞歷山大感到非常傷心，受到極大的打擊。他們從小一起長大，他們之間的友誼被稱為歷史上最值得傳頌的友誼之一。

亞歷山大哀痛逾恆，很難將提爾城之役視為一場甜蜜的勝利。據說他在赫菲斯提安去世後情緒極不穩定，甚至性格大變，曾經深謀遠慮、戰略眼光精準的亞歷山大變得魯莽輕率。歷史上記載，他後來酗酒成性，可能是導致他三十二歲就英年早逝的原因之一。

雖然失去知己並不是亞歷山大一蹶不振的直接原因，但這件事毫無疑問的影響亞歷山大，促使他做出偏激的決定。他拒絕進食，不肯喝水，使得健康狀況急速惡化。根據記載，他還處決未能拯救赫菲斯提安的醫生。在生命的最後幾年，亞歷山大的軍事實力也逐漸減弱，因為他開始視自己為神，而不是一個有權有勢的君王。

失去摯友是亞歷山大隕落的根本原因嗎？這麼說可能太過牽強。畢竟許多因素牽涉其中，一件事的發生經常會影響另一件事，然後引發另一連串的挑戰。但是赫菲斯提安的過世，對亞歷山大和他所統治的帝國來說，卻無疑是明顯的分水嶺。亞歷山大在過去的十五年中戰無不勝。他從戰場上取得的勝利，使他成為有史以來僅次成吉思汗的第二有錢人。歷史上對他的淨資產估計差異很大（畢竟公元前三二五年並沒有餘額精確的支票帳戶），大約落在一．六兆美元到三十二兆美元之間。不過，無論實際數字為何，亞歷山大的富有遠遠超出現代人的理解程度。按照最保守的估計，他的財富比亞馬遜公司創辦人傑夫．貝佐斯（Jeff Bezos）富有十倍。用這個保守估計的標準來看，他的財富超過當今全球十大富豪的財產總和，那些富豪動不動就搭太空船玩樂，還擁有私人島嶼。

然而，他的財富、他的權力，卻因為他所關心的人去世，讓他被再平凡不過的人間情感擊垮。亞歷山大的悲慘故事讓我們看到什麼是財富：人類傾向於追逐數字，視它為財富的外在標誌，但是真正的、有靈魂的財富，卻遠遠不只是數字。

人生旅途中，我們如何建立和追逐目標，與我們在事後反省時所想的大不相同，這是社會傾向

於追求數字而犧牲價值的最佳悲劇證明。對於正值青壯年的人來說，目標通常集中在像健身和金錢等可預測的類別上。根據蓋洛普在二〇二二年底進行的調查，七成美國人會為自己擬定新年計畫[1]；在二〇二三年設定的目標中，最受歡迎的是健身（八〇％）、財務目標（六九％），然後才是職業目標（占工作年齡層中的五九％）。這些目標看起來應該相當眼熟。如果你跟我一樣，我們每年年初時設定的（然後忘記的）目標也是這些。

然而，如果你想像自己站在生命的盡頭反省，對於人生目標的看法絕對會南轅北轍。二〇一二年，一項針對臨終者的研究整理出人類死前的五大遺憾：[2]

1. 他們希望自己沒有那麼努力工作。
2. 他們後悔自己過著不想要的生活。
3. 他們為沒有勇氣表達自己的感受而悔恨。
4. 他們希望曾與朋友保持更密切的聯繫。
5. 他們感嘆沒有讓自己過得更幸福。

你注意到了嗎？

當死亡迫在眉睫時，真正重要的事情便變得無比清晰。可是在我們活著的時候覺得重要的事，卻沒有任何一件出現在臨終前的重要事項清單上。在我們健康時，將工作視為人生的主要目標之一，投入最多心力，可是當我們回顧人生時，卻成為一大遺憾。

我將這個前後不一致的發現放上社交媒體 Twitter（現在改名為「X」），收到許多令人心酸的回應。有位網友表示：「短期清單更著眼於『衡量』，長期清單則更重視『意義』。」有位理財專員給出一針見血的評論：「人類是會迷惘的生物，直到時間所剩無幾，才能看清真相。」

這些都是很好的觀察心得，同樣的狀況也延伸到我們如何看待退休。對大多數人而言，退休是他們最大的財務目標。很合情合理吧？這是一個遙遠卻有些模糊的里程碑，肯定需要大量財富才能達成。然而，投資者往往只想追逐電子表格上更大的數字，不斷改變前面提過的人生目標，卻往往沒有為財務以外的其他事做好準備。因為大家通常不喜歡工作，所以「退休」對每個人都有不小的吸引力。朝九晚五的苦差事剝奪我們的自由，每天要開多次線上會議自然也不是什麼快樂的泉源。

但是，儘管職場上有著各式各樣的煩惱，工作仍是大多數人投入精力和社交關係的集中地，與我們的幸福感息息相關。光是看正向心理學之父馬丁・賽里格曼（Martin Seligman）提出的人類幸福科學模型「PERMA」的五大元素，以及該模型上有多少測量點和工作有關，就知道工作對我們有多麼重要：[3]

- **正向情緒**（**P**ositive emotion）：快樂的喜悅。想到「樂趣」時，腦子裡會浮現的事可能是讀一本好書、去度假、或和心愛的人一起吃冰淇淋。
- **全心投入**（**E**ngagement）：運用技能、天賦和經驗投入並完成任務。在理想情況下，工作應當如此。
- **正向關係**（**R**elationships）：來自他人的支持、與他人的社交、以及與他人的連結。對許多人來說，工作是人際關係的主要來源。一些退休人員很快就意識到，他們在職涯中相當依賴這些人際關係。
- **生命意義**（**M**eaning）：為超越自我的力量服務，包括宗教、聖靈、政治行動、激進主義、家庭、社區；甚至是工作。
- **成就感**（**A**ccomplishment）：今天比昨天明顯過得更好。成就感在工作中自然而然的存在，並會被積極衡量和認可；但在傳統的退休環境中卻較不受重視。

我們付出這麼多的心力，追求足以退休的財務數字，卻時常忽略生活中帶來幸福的其他元素，所以退休人士的憂鬱程度遠高於一般人，尤其是高於同齡卻還未退休的人，這一點都不奇怪。

我希望讀者能重新檢視PERMA，找到五個元素中你目前最不足的那個面向，並且每日花費不超過十分鐘，努力採取小小的行動，使自己能在那個面向獲得改善。希望你能逐漸養成為幸福做好準備的習慣，就像你透過儲蓄為退休做準備一樣。

亞歷山大將他短暫的一生奉獻給征服其他國家和囤積財富，最終成為歷史上第二富有的人，卻因失去珍視的情誼，讓所有成就化為泡影。同樣的，我們花費數十載追求特定的財務里程碑，卻在意識到其他通往幸福的道路被忽視時，陷入深深的憂鬱。我們窮極一生都在設定目標，專注於發展事業和累積財富，一旦終於看清生命是多麼短暫，才發現這些目標似乎都只是在浪費時間。

真正的財富與終點線或數字無關，而是利用我們所擁有的一切物質財富來豐富其他更持久、更令我們滿足的道路。金錢可以為我們買來簡單的快樂，例如：冰淇淋（正向情緒）、與我們所愛的人一起度假的珍貴回憶（正向關係），以及追求精神和政治理想的自由（人生意義），這些都能真正的提升幸福感。然而，如果我們以犧牲其他方面的福祉為代價，不顧一切的追求財富，只會讓我們更深切感到生命的空虛和精神的貧乏。歷史和科學上的證據都已經明明白白的告訴我們了。

追求財富與幸福的兩難

你認為寫得最精采的美國小說是哪一本？它可能出現在你和朋友小酌幾杯後的閒談裡，或者成為你和第一次約會的對象彼此試探能不能合得來的測驗。辯論的過程肯定是態度友善，絕對找不到標準答案，但討論起來卻充滿無窮的樂趣。

在此請問讀者，你的答案是什麼？是講述偏執船長一心復仇的《白鯨記》（*Moby Dick*）？還是哈里特．比徹．斯托（Harriet Beecher Stowe）描述恐怖奴隸制度的《湯姆叔叔的小屋》（*Uncle Tom's Cabin*）？在該書出版的那個世紀，只有《聖經》的銷量比它還多。儘管以上這些書，或者還有許多書無疑都有資格爭冠，但我還是堅持要將自己的一票投給法蘭西斯．史考特．費茲傑羅（F. Scott Fitzgerald）的《大亨小傳》（*The Great Gatsby*）。

故事中，傑．蓋茲比（Jay Gatsby）似乎什麼都有，除了他想要的初戀女友。這位迷人的男主角過著奢華的生活，並且不斷追求黛西．布坎南（Daisy Buchanan），但對於親近他的人來說，他仍然是個謎。蓋茲比喜歡舉辦奢侈的派對，炫耀自己值錢的財物，同時營造出富裕的光環來打動黛西。他深信自己的財富會帶來幸福，並終將贏得黛西的芳心。

然而，事情並沒有按照蓋茲比的計畫進行。物質上的財富和舉辦奢華宴會找不到他真正的幸福，表面的繁華掩蓋他內心的孤獨和未實現的願望。事實上，他發現金錢既不能挽回過去，也不能讓他和黛西加深情感上的羈絆。

企鵝出版社是這麼評價《大亨小傳》的：

它完美且有先見之明*的精確描繪爵士時代肆無忌憚的享樂主義。當時，誰知道音樂即將停止、燈光將亮起呢？沒有人曉得美國很快就要在經濟大蕭條的黏稠舞池地板上跌跌撞撞，手裡拿著空笛子，找不到出口。費茲傑羅卻預見這一點。事實證明，《大亨小傳》就是他的預言水晶球：沒有什麼是永恆的……美國夢也不是。[4]

我喜歡這本小說的理由有很多。它的文章結構優美，仔細審視美國經濟和文化歷史中的一段獨特時期。讀者在目睹蓋茨比走向毀滅時，心中會升起一股幸災樂禍的滿足感。我想，蓋茨比能引起許多人的共鳴。這本小說探討的是追求財富時經常伴隨的空虛感，其中的一個關鍵主題便是只靠金錢無法為靈魂帶來滿足。蓋茲比被潛在的空虛感吞噬，這也提醒所有的人，我們需要的不只是錢，而是更多、更深層的東西。

在二十一世紀，我們對於金錢和幸福的態度相當矛盾。一方面，我們熱愛金錢，不遺餘力的追求金錢。當我們獲得巨額紅利獎金，或者看到試算表上的數字增加時，大腦就會釋放一點多巴胺刺激我們。但另一方面，大多數人擁有的金錢未必達到他們想要的水準，也不願相信金錢是幸福生活的核心。

讓我再問你一個問題：金錢能買到幸福嗎？（千萬不要在第一次約會時一邊吃著開胃菜，一邊詢問對方這個問題。）

我的回答是：某個程度。

二〇一〇年丹尼爾・康納曼（Daniel Kahneman）和安格斯・迪頓（Angus Deaton）針對幸福與金錢之間的關係進行深入研究，探討年收入需要達到多少才能有效購買幸福。他們將幸福分為

＊譯注：《大亨小傳》於一九二五年出版，隨後在一九二九年至一九三三年發生經濟大蕭條。

兩類，一是「情緒幸福感」，二是「人生評價」。根據蓋洛普—海瑟威幸福調查指數（Gallup-Healthways Well-Being Index，蓋洛普每天對一千名美國居民進行的調查）的四十五萬份問卷，確定金錢和這兩個類別分別具有不同的相關性。情緒幸福感主要取決於健康狀況、孤獨程度，以及是否吸菸等因素的影響；另一方面，你的收入和教育程度則對人生評價的影響更大。

研究顯示，隨著收入增加，人生評價往往會穩定上升。然而，情緒幸福感會在年收入七萬五千美元時達到顛峰。根據通貨膨脹率進行調整，七萬五千美元差不多略高於今日的十萬美元。雖然金錢可以用來減少你討厭做的事情，例如：洗衣服或修剪草坪；但它無法帶來快樂。然而，低收入往往會使得離婚、健康狀況差和孤獨等不幸所帶來的情緒考驗更加嚴峻。[5]

學術界和實務界都對這項研究很感興趣（我相信蓋茲比若有幸見到，亦會如此）。相關報導多到令人難以置信，專家們也反覆分享，希望人們能夠明白，在一定程度上金錢很重要，但一旦滿足生活的基本需求之後，錢就不再那麼重要。這種觀點引起包括我在內許多人的共鳴，因為它似乎證實我們的預想：我們同時追求又集體蔑視金錢，其實很合理。

但事實證明，現實比「金錢買不到超過七萬五千美元的幸福」還要複雜一些。

首先，我們如何衡量「幸福」？這非常重要。例如，康納曼和迪頓在他們的研究中將幸福分為兩種類型的主觀幸福感。

其次，似乎不同群體的幸福感受財富的影響程度也不同。對於不同群體間的細微差別，已經有了進一步的研究。康納曼與賓州大學的馬修．基林斯沃思（Matthew Killingsworth）和芭芭拉．梅勒斯（Barbara Mellers）教授合作，對最初的研究提出挑戰，聲稱大多數人的幸福感還是會隨著年收入的增加而增加，直到五十萬美元。三成的人甚至認為，當收入超過十萬美元時，幸福感會加速提升，而非線性增加；然而，也有相對的黑暗面存在。研究人員發現，一五％的人屬於「不幸福群體」，一旦他們的年收入達到十萬美元後，幸福與金錢之間的關係就會崩解。對這群少數人來說，其他負面的生活事件或心理健康挑戰，大過於收入更高所能帶來的任何額外好處。[6]

事實上，最新證據顯示，我們的幸福感很大程度上源自財富以外的事物，甚至是我們無法控制的事物。富人在這一點的體會可能比一般人更加強烈。

二〇〇五年，一篇影響深遠的論文揭示，滿足感可歸結為三個不同重要性的因素。根據研究學者松雅．隆博米爾斯基（Sonja Lyubomirsky）、肯農．謝爾登（Kennon M. Sheldon）和大衛．舒卡德（David Schkade）繪製的「幸福圓形圖」（happiness pie chart），有五〇％的幸福感由我們的基因決定，四〇％由我們的活動決定，只有一〇％由生活環境決定。[7]有批評者認為，將基因占比估計為五〇％、生活環境估計為一〇％，可能是被低估；作者的研究結果也可能只是代表人與人之間的差異，而不是這些因素如何決定個人的幸福。其他研究顯示，幸福感的差異有多達七〇至八〇％可歸因於遺傳。[8]

讓我們把這一點說得更清楚。假設一個容易憂鬱的孩子，父母也有類似的傾向，孩子可能不僅繼承這樣的基因，而且是在反映父母自身經歷和情緒傾向的環境中長大。父母可能會在不知不覺中養成強化、加劇悲傷情緒的家庭生活，有效的將悲觀或負面的生活態度傳承給孩子。這種先天（遺傳傾向）和後天（環境教養）之間的相互作用，可能導致一個人終其一生揮之不去的憂鬱感，而且金錢未必能改善。

不管基因決定了五〇%還是七〇%，有一件事是肯定的：我們的情緒很大程度上取決於自己無法控制的事情。

讓我們回顧一下目前已經知道的資訊：

- 在擁有較少的財富時，金錢能夠很可靠的消除痛苦。
- 對許多人來說，在達到非常高的財富水準前，金錢可以改善自我評價的主觀幸福感。
- 對某些人來說，任何收入金額都不足以使他們擺脫憂鬱的痛苦。
- 我們花錢的方式會對金錢是否能買到滿足感產生關鍵性的影響。

金錢能夠買到幸福嗎？在某種程度上，或許可以，除非你是少數派；對少數派來說，金錢從來就沒有那麼大的影響力。

我們都渴望簡單而明確的答案，但人性的相關研究告訴我們，事實往往並非如此。我們可以肯定的說，金錢本身不是我們所認為的萬靈丹，我們必須盡全力追求金錢，卻要控制自己不受金錢支配，才能擁抱有意義的人生。

你真正想要的不是富有

以前美國有一系列人們隨身攜帶巨大實體數字的廣告，旁白會問：「你的數字是多少？」然後邀請觀眾與該公司的退休專家見面，擬定財務計畫。

許多退休人士都很清楚，退休並不是你的存款達到某個冰冷數字就可以。事實上，富有本身並不能帶來真正的幸福；相反的，擁有自由、尊重、個人成長機會和社交關係等，才是我們獲得滿足的最佳途徑。

一九〇二年發表的短篇小說《猴爪》（*The Monkey's Paw*）明白闡釋貪婪的危險。故事裡，懷特（White）一家得到一只神奇的猴爪，持有者可以許下三個願望，但每個願望都會帶來可怕的後果。懷特先生對猴爪的神奇力量抱持懷疑態度，同時覺得自己已經擁有所有他想要的東西。他試探性的要求兩百英鎊的財富；第二天，他的兒子赫伯特在一場工廠事故中不幸身亡，並意外得到兩百英鎊

的賠償金。

懷特太太悲痛欲絕，懇求丈夫用猴爪許願兒子起死回生。考慮到兒子的屍體在事故中已經變得殘缺不全，懷特先生很擔心，若兒子復活可能發生什麼事，但他終究還是答應太太。於是，這家人的第二個願望就是讓兒子復活。幾分鐘後，他們聽到有人在漆黑的夜裡敲門。懷特太太急忙去應門，希望是他們的兒子回來了，但懷特先生太過擔心站在他們家門口的不知是什麼東西，心生恐懼，衝動之下要求撤銷已經發生的一切——這是最後一個願望。突然，敲門聲停止。懷特太太打開門，外頭空無一人。

懷特一家悲痛欲絕，他們發現，自己的處境比擁有那只猴爪之前更糟。猴爪不但沒有帶來金錢上的好處，反而帶來詛咒。但從更廣泛的角度來看，正是懷特一家竄改命運，以及對變得稍微富裕一點的渴望，才導致他們的悲劇。

事實上，許多人都渴望達到更高一層的財富水準；然而，我們很容易陷入一種錯誤的期待，以為薪水多加個零，就能治癒生活中所有的弊病。七九%的美國人相信更多的金錢會提升自己的幸福感。[9]可是金錢能否讓我們變幸福，其實相當複雜（前文已有深入討論這一點）。最終，我認為大

多數人真正想要的，不是更多的金錢，而是與金錢伴隨而來的自由。

我們檢視心理上和哲學上定義的傳統幸福和福祉時，處處充滿自由和自主的痕跡。在每一個針對人類滿足感的研究裡，它們都是支撐理論架構最重要的部分。

暢銷作家兼思想家丹尼爾・平克（Daniel Pink）為了讓大家了解人類行為的驅動來源，在他的「ＭＡＰ模型」（Mastery 精通、Autonomy 自主、Purpose 目的）中將自主放在最核心的位置。在這個架構下如果失去自主權，再多的金錢也毫無意義。**精通**與我們對個人進步的渴望有關；**目的**則著重於發現日常生活的意義；**自主**則強調自己做主的美德，能按照自己的價值觀去選擇與行動。

你可以從工作生活的角度來思考ＭＡＰ模型：一份工作讓人徹底崩潰，應該是因為雇主完全和你的信念背道而馳，你的上司採取巨細靡遺的管理方式，工作本身又不具備任何知識；另一方面，完美的職位會讓你覺得它幾乎是為你量身打造，你是該領域的專家，而且還有許多繼續學習的途徑，有權決定如何安排時間，並且朝著更偉大的目標持續前進。

也就是說，自由是打造最佳職涯和財務生活的核心。

除了平克提出的模型外，其他理論和概念也同樣強調自由的基本功能。「自我決定論」（Self-Determination Theory）認為，人類的動機和健康主要從擁有自主權、能力和人際連結所驅動。自我決定論主張，每個人都具有自主的心理需求，能夠控制自己的行為可以提高對生活的滿意度。

維克多・法蘭克（Viktor Frankl）和羅洛・梅（Rollo May）等存在主義心理學家認為，只要擁有選擇的自由，人們就有能力制定自己的目標。一旦剝奪個人對自身行為的責任感，實際上等於剝奪他們的生命。

近年來，著重於理解人類的繁榮與福祉的正向心理學不斷成長，它主張自由可以促進幸福和生活滿意度。換句話說，擁有能力做出符合個人興趣的選擇，就能提升滿足感和正向情緒。

上述架構和理論固然有幫助，但沒有什麼比親身感受富有和自由之間的差別更能打動人心。我曾讀過一篇文章，內容在討論世界十大富豪之一與他的幾位重要副手在晚上九點舉行工作會議。在那一刻，我驚覺自己和他相較之下是多麼的富有，儘管我們的銀行餘額顯然是天壤之別。

企業家納瓦爾・拉維坎特（Naval Ravikant）曾說：「金錢的最終目的是讓你不必在特定時間、特定地點，做任何你不想做的事。」很貼切的形容我當時的感受。

自由是人類最基本的欲望。它與我們的快樂、健康和活力緊密相關。令人驚訝的是，這麼多傳統上的象徵財富的事物，卻讓我們變得不自由。擁有度假屋使我們必須支付加倍的維護費用，也限制我們到新地方旅行；豪華汽車讓我們對停車地點挑三揀四；昂貴手錶可能會因為害怕被刮傷或被

偷走而被收在盒子裡。

我不是禁欲主義者，我也喜歡買好東西。但以自由的角度來檢視儲蓄、投資和消費的決定，不失為一個超實用的準則，能讓我們做出讓自己真正快樂的選擇。

重新定義工作的意義

熱門電視節目《幹盡苦差事》（*Dirty Jobs*）是主持人麥克・羅威（Mike Rowe）送給廣大觀眾的最佳禮物，節目不僅極具娛樂性，也讓我們了解許多我們認為理所當然的便利背後付出的辛勞。從下水道檢查員到防鯊魚潛水服測試員，再到牛隻人工授精技師，羅威向我們展示，我們之所以能過著安逸的生活，是因為有許多人從事重要但不被別人看見的工作。在世界上所有的苦差事中，某個職業甚至擁有廣為人知的流行語來形容令人抓狂的工作內容。我說的就是 going postal*，意思是突然爆發的極端攻擊行為，通常發生在工作場所。一九八〇年代和一九九〇年代發生一連串郵政人員的身故事件後，這個詞開始出現在報章雜誌。

暴力事件的發生地點分別在俄勒岡州、奧克拉荷馬州、加利福尼亞州、新澤西州和密西根州，凸顯郵政人員面臨的巨大壓力和緊張狀態，引起全美關注。「going postal」逐漸成為日常用語，甚

---

*譯注：postal 是英文的「郵政」之意。在美國俚語中，go postal 是指某人因異常憤怒而做出暴力行為。

至出現在電視影集《歡樂單身派對》（*Seinfeld*）中。劇中扮演郵差的紐曼（Newman）是這麼描述他們的挫敗感：

郵件沒有停下的一天！只是不斷的進來、進來、進來，沒有慢下來過，只會一直進來。[10]

儘管郵差被視為再平凡不過的工作，但它真的特別沒有意義嗎？創作古代世界第一部偉大敘事史的希臘作家希羅多德（Herodotus）抱持不同的看法。這位「歷史之父」曾經這樣評論在希臘和波斯的戰爭中發揮重要軍事功能的郵差：

無論下雪、下雨、大熱天或陰沉的夜晚，都無法阻止這些信差迅速完成指定的任務。

紐約市第八大道郵局入口上方的花崗岩，刻著上面這句讚頌郵務工作不達目的絕不罷休的名言，有興趣可以去看看。在華盛頓特區史密森尼學會（Smithsonian Institution）的國家郵政博物館（National Postal Museum），還有另一則知名度較低的銘文，它是這麼寫的：

傳遞慰問與愛情
聯繫分開的朋友
安慰孤獨的個人
連結分居的家庭
擴大共同的生活

傳播新聞與知識
推動貿易和企業
促進人與人、國與國之間的和平與友善的相互認識[11]

所以，事實到底是什麼？郵政人員是承受永無止境的瑣事的瘋子，還是維繫國家和家庭的黏合劑？

在思考自己和他人的工作時，我們通常強調平日生活中最簡化、最乏味、最瑣碎的部分，導致難免產生一切毫無意義的感覺。然而，愈來愈多的研究表示，當我們開始更全面的看待自己的勞動時，它就會升級並啟動良性循環，使工作變得有意義，提高我們在工作中投注心力的品質。

郵政人員有時面對忘恩負義的大眾，手上執行的任務可能會讓人覺得生硬且微不足道。但他們也負責遞送表達真情的包裹，為關在家裡的祖父母帶來微笑，並將渴望知道彼此近況的家庭聯繫在一起。這些都是郵務工作的真實寫照。你選擇以哪個視角來看待這份工作，對工作人員的感受和完成工作的方式就會產生很大的影響。

認為自己的工作有意義，無疑是件好事，雖然目前還不清楚這樣的觀點是否會對商業價值產生正面影響。

有三位商學院教授一起探討這個問題，並在他們的著作《人見人愛的企業：世界級公司如何從熱情和目標中獲利》（*Firms of Endearment: How World-Class Companies Profit from Passion and Purpose*）中分享研究成果。作者們想要衡量好市多量販店、衛格門超市（Wegmans）、全食超市（Whole Foods）和宜家家居（IKEA）等以「熱情和目標為導向」的公司業績，並將它們與標準普爾五〇〇指數和暢銷書《從A到A$^+$：企業從優秀到卓越的奧祕》（*Good to Great*）中的公司進行比較。

他們觀察這些公司十五年（一九九八年至二〇一三年），標準普爾五〇〇指數的報酬率為一一八%；《從A到A^+》中的公司股價是指數表現的兩倍有餘，同期報酬率高達二六三%；但在熱情和目標文化的推動下，《人見人愛的企業》調查的公司股票更勝一籌，同期報酬率達到驚人的一六八一%。換句話說，和前兩者相比，它的報酬率是前兩者的十四倍和六倍。[12]

「意義」能夠推動如此巨大的商業成功，原因自然十分複雜，但最一開始的切入點很可能和許多事情的開端一樣，都是「人」。根據二〇二二年哈里斯—庫馬努目的民調（Harris-Kumanu Purpose Poll），工作時表現出高度目的性的人當中，六六%的人認真投入工作；相較之下，表現出中度目的性的人只有一六%認真投入工作；表現出低度目的性的人當中，只有一%認真投入工作。在工作中表現出高度目的性的人，有七八%計劃兩年內仍會留在該組織工作，表現出中度目的性的人卻不及一半。[13]

如果工作的意義可以準確預測員工的敬業度、生產力、績效，甚至公司股價，我們就值得深究一下，我們在整合「生活和工作」這方面做得有多好。然而，數據顯示我們還有很大的進步空間。根據二〇一三年蓋洛普的一項民意調查：

- 三七%的員工清楚了解企業宗旨。
- 二〇%的人對企業宗旨充滿熱情。

- 二〇%的人了解該如何支持企業宗旨。
- 一五%的人感覺有能力朝企業宗旨前進。
- 二〇%完全信任公司。

在另一項哈里斯—庫馬努目的調查中，探討「如何結合目標與工作」，最多人（五〇%）表示自己的工作根本沒有意義，只有一七%的人強調個人成長方面的影響，例如：驅使他們走出家門，感覺成功，並且保持忙碌狀態。一六%的受訪者認為自己在幫助他人，一二%的受訪者提到經濟因素，包括確保家裡衣食無缺、幫助家人度過難關、獲取資金去做自己喜歡的事。只有五%提到要為團隊或組織做出貢獻。這樣的結果當然不會讓領導人感到開心。

實現一個你不知道或甚至不存在的目標很困難。

我們接下來該怎麼做呢？

維克多・斯特雷徹（Victor Strecher）的著作《有目的人生：生活如何為最重要的事改變一切》（*Life on Purpose: How Living for What Matters Most Changes Everything*）提供「有意義的工作場所」

應該如何的線索。他發現三個共同點：

1. 尊嚴和歸屬感。
2. 組織會詢問並支持你的目標。
3. 組織本身有明確的目標。[14]

這是很簡單的原則，尤其是當你考慮到它能帶來的結果。你的工作可能有一部分很無聊，畢竟，你是去「工作」，而不是去「玩樂」。不過，學習從意義最大化的角度，來看待朝九晚五的工作中平淡且吃力不討好的部分，你還是可以找到自己的目標。你現在做的可能不是夢想中的工作，但是將你的夢想融入日常工作中，能為你帶來滿滿的個人動力和歸屬感（而且你可能會慶幸自己至少不是下水道檢查員）。

富足，從「付出」開始

從哲學的角度來看，這個世界似乎是高度分散的。因為有數百種宗教和非宗教存在，卻沒有一種能宣稱大多數人都是其追隨者。從現實面來看，無論你相信什麼或不相信什麼，大多數人都會和你意見相左。不過，若是放下這種憤世嫉俗的膚淺觀點，會發現在我們一起分享的世界裡，存在的共通點還是多得令人驚訝，遠遠超過分歧。

大多數文化和信仰全都推崇同情、仁慈、正義、正直和非暴力等理念，只不過這些共同原則在各種宗教、非宗教中的哲學和經文裡表達的方式不同，而「給予是通往更富裕的道路」更是一個常見的跨文化悖論。

《聖經》在箴言十一章二十四至二十五節告訴我們：「有施散的，卻更增添；有吝惜過度的，反致窮乏。好施捨的，必得豐裕；滋潤人的，必得滋潤。」《道德經》也曾說：「聖人不積，既以為人己愈有，既以與人己愈多。」印度教經典《薄伽梵歌》（*Bhagavad Gita*）則教導我們：「當一份禮物是發自內心的在適當的時間、適當的地點送給適當的人，而且不求任何回報時，才是純潔的。」蘇菲派詩人魯米（Rumi）也相信「給予者猶如海洋，永遠不會空虛，因為他們總是從內心被填滿」。

幾千年來，世界各地的精神傳統都認同這個觀點：慷慨是通往更富裕的矛盾之路。

學術研究又是怎麼看待這件事呢？

許多研究都指出，「給予」對給予者的福祉產生重大影響，而且得到的好處往往比接受者更多。在一篇題為〈把錢花在他人身上能促進自身快樂〉（Spending Money on Others Promotes Happiness）的著名論文中，作者發現，每個人選擇花錢的方式和收入金額是決定滿足程度的關鍵因素。[15]研究進一步指出，無論受試者的收入多少，利他性支出都會提高他們的幸福感。當六百三十二名受試者收到一筆意外之財後，他們的幸福感並非因為自己揮霍而顯著增加，反倒是發生在他們將錢花在幫助他人的時候，即使考量他們得到意外之財前的幸福水準，結果亦是如此。所以，當你下次拿到可觀的工作獎金時，也許可以試著拿出一部分贈予朋友、家人，甚至陌生人。

這項研究中，最出名的一項實驗是，受試者必須在一天結束前將得到的五美元或二十美元花光。獲得意外之財後，被指示要將這筆為數不多的金額用於他人或進行慈善捐贈的人，比起被指示要把錢花在自己身上的人，幸福感來得更高。證據顯示，當個慷慨的人並幫助同胞，才會通往更富足的道路。

問題來了。為什麼將錢花在自己身上，不能帶來持久的快樂呢？它其實和心理學的「享樂跑步機」*（hedonic treadmill）有關，也就是我們的幸福感往往隨著時間很快的適應環境。我們購買酷炫的新商品可能會帶來短暫的興奮，但這種興奮感卻很快就會消失；然而，當我們用在改善他人的生活時，更深層的充實感卻能持續存在。

提出這篇論文的學者們還發現一個關鍵落差。研究顯示，儘管慷慨的好處顯而易見，但人們傾向將絕大部分的收入用在個人優先支出上，而不是利他性支出；根據統計，前者的花費約為後者的十倍。

不過我們還是可以對人性懷抱希望。研究結果顯示，即使是微小的改變，例如，遞一張五美元的鈔票給有需要的人，也能讓那天的幸福感增加不少。這份研究發現且凸顯微小的善行所帶來的轉變，證明任何人不論身處何種環境，都能產生正面的影響。

我們也必須留意另一個關鍵差距。另一部分的研究要求受試者在最大化個人滿足感的前提下，在個人支出和利他支出之間做選擇，多數人（一百零九人中的六十九人）認為，個人支出比慷慨助人更能讓自己快樂。儘管研究清楚顯示，利他主義比個人消費更能帶來幸福，但「給予是通往富足之路」的觀念尚未成為主流。

二〇一七年，另一項研究計畫調查慷慨與幸福之間連結的神經機制實際運作方式。實驗組的受試者承諾每週為他人捐贈一筆錢，對照組則將錢花在自己身上。觀察功能性磁振造影（FMRI）的資料發現，參與捐贈的那組人幸福感較高。除此之外，掃描大腦的數據表明，與幸福感相關的獎勵區域活動急遽上升。研究結果顯示大腦這樣的變化會促進正面的循環，從而鼓勵個人更進一步的分享。[16]

因此我們得知人類大腦中有一塊區域渴望付出，並對能夠刺激這項行為的動作給予獎勵。在疫情最嚴重的時期，隨著危機逐漸升高，捐款金額也上升六%，這令研究人員大感驚訝。[17]讓人不禁想問：這個趨勢是因為我們與生俱來的給予本能，對這段艱難時期出現集體需求的情感回應嗎？無論如何，這個猜測應該多少能幫你對人性恢復些許的信心。

二〇一三年的一項研究分析一百三十六個國家的數據，進一步強化這個主張。結論是：人們利用財務資源支持他人時，普遍會得到情感上的好處。這種趨勢不受經濟條件的影響，即使在缺乏社會連結的情況下仍然存在。研究結果強烈表示，幫助他人所獲得的情感回報深植於人性之中，超越文化和經濟的界限。[18]

更重要的是，「給予會讓你更富足」的論點不管在什麼年齡層都成立。二〇一二年一篇題為

＊譯注：儘管發生重大的好、壞事件或生活變化，人類仍會迅速調整回相對穩定的幸福水準。

〈給予會讓幼兒感到快樂〉（Giving Leads to Happiness in Young Children）的研究，闡明個人在行善之後會感受到「溫暖光芒」。令人驚訝的是，這種感覺在兒童身上最為明顯。即使是兩歲幼兒，在送零食給玩伴時，也能清楚感覺比自己將零食吃下肚更快樂。除此之外，當孩子們自願犧牲資源來幫助他人時，相較於不必付出成本的孩子，他們也會體驗到更高的幸福感。[19]當我看到自己的孩子無私的付出，因給予而感到快樂時，我的內心充滿驕傲，為孩子們感到自豪。我相信絕大多數父母的心態都和我一樣。

從事慈善活動會讓我們快樂，從小到大都是如此，跨越不同文化皆然；不過，「給予」真的像研究人員所說的，令我們更加富足嗎？

從某些角度來看，這種說法並不合理。畢竟，送出自己的一部分財富不就等於減少自己的財富嗎？從最表面的意義上來說，確實如此，但慷慨似乎還是有些超乎世俗的魔力。根據二〇一四年出版且頗具影響力的《快樂錢商》（*Happy Money*）作者本田健（Ken Honda）表示，不管現實的收入多少，捐款給慈善機構的人往往比不捐款的人更感到富足。[20]

你一定想走上富足之路，對吧？以下是如何透過更幸福的支出方式，讓你享受溫暖的光芒：

• **勿以善小而不為**：捐款的障礙之一，是我們認為它必須是一件大事。然而，只要踏出一小步，注意它對生活各層面的影響，像是你的預算和個人幸福感等，你會發現，往往只需小小的「給予」，就足以帶來改變，重塑你對財務資源的看法。

• **奉獻自己**：記住！可以給予的不只是金錢，你也可以貢獻自己的時間和才能，並親眼目睹你所帶來的影響。付出自己不只會讓你得到成就感，而且能在任何預算範圍內完成。

• **使其充滿意義**：思考什麼事對你具有重要的意義。舉例來說，過去五年，我每年最大筆的慈善捐款都是捐給母校的心理學系，幫助年輕的心理學家繼續深造。儘管我當初接受的是臨床醫學訓練，但我的職業生涯一直在研究金錢、心靈和意義的交集。我擁有令人羨慕的職業成就，也希望我一路走來真的對一些人有所助益，但我沒有選擇繼續當執業心理醫師而錯過幫助某些人的機會，自己也感到十分遺憾，因此幫助其他心理學家完成我沒有完成的工作，是一種對個人及生命都有意義的回饋方式。對你而言，有意義的給予又是什麼？

• **多元化**：我最近養成將投資多元化的習慣套用在捐贈組合上，不過，這大概是我這種理財書呆子才會有的嗜好。我的意思是：將一部分的家庭捐款投入拯救生命、具有極高性價比的慈善捐贈，也就是實行慈善家所謂的「有效利他主義」。比如發展中國家的蚊帳，雖然價格便宜，卻有極大的救命能力。然後，我們將另一部分的家庭捐款投入讓生命變得有價值，並對個人有意義的事：對我而言，是支持心理健康醫療；對我才華洋溢的視覺藝術家兼鋼琴家妻子而言，是支持藝術展覽機構。不妨仔細衡量個人能力、有效利他主義、對你具有深刻意義的選項之後，再考慮應該如何將捐款多元化，以達到最佳的效果。

給予是通往真正富足的最佳途徑，古聖先賢的智慧和現代科學的證據都同意這個關於金錢和幸福的共同真理。當我們對他人慷慨時，才能真正的豐富這個世界和自己的生命。

你的問題不是靠財富解決

創新的工程和科技可以改變世界。合適的工具握在有能力的人手中，可以讓企業更有效率的運作，讓日常生活更輕鬆。而且正如我們在金融業所見，還能降低投資成本。相反的，糟糕的工具可能會導致平庸、甚至危險的產品和結果。若再加上草率的施工過程，釀成災難不過是時間問題。

一九一九年的波士頓糖蜜災難（Great Molasses Flood）便是最好的例子。[21]

一九一九年一月，波士頓北區一個巨大的糖蜜儲存槽炸開，將八百七十萬公升的黏性物質釋放到繁忙的街道上。想像一下，糖蜜組成的巨浪以每小時五十六公里的速度移動，所到之處全數淹沒，最終造成二十一人喪生，一百五十多人受傷。災難發生的幾十年後，居民依舊能聞到殘留物的味道。這場突如其來的事故並非無妄之災，而是劣質的工具和不良的施工等多種因素造成的。

這真是在下雨的午後收看歷史頻道紀錄片的完美題材！根據故事描述，你會看見無所不在的混亂工程和鬆散管理。首先，盛裝糖蜜的鋼槽品質很差。在事發將近一個世紀後，二〇一四年的一項分析發現，鉚釘的設計有缺陷，導致原本就太薄的儲存槽壁很容易出現結構故障。除此之外，鋼槽使用的鋼材摻入的錳含量過低，導致在寒冷的天氣下結構變脆。然後，當白天氣溫的升高，糖蜜膨脹，脆弱的儲存槽壁及不合格的鉚接所承受的壓力大幅上升，很快便超過致命的臨界點。

問題甚至在糖蜜第一次裝入儲存槽前就出現。工程師在建造時就知道他們的施工品質欠佳，但為了滿足第一次世界大戰期間對工業用酒精不斷增加的需求，他們必須以最快的速度造出可容納九百二十五萬公升的儲存槽。儲存槽的整體設計存在缺陷，它的形狀扁平、深度又淺，使得槽壁的壓力負荷大增。

在儲存槽爆裂之前，就有人發現潛在的問題。儲存槽在注入糖蜜時會嘎吱作響，並且在一月爆炸的前幾天就已經出現裂縫，孩子們甚至常常拿著杯子接住從裂縫中漏出的糖蜜。如果廠方定期檢查，遵守適當的安全規範，應該馬上就會發現這麼明顯的危險信號。可惜的是，這座十七公尺高的儲存槽還是在致命的溫暖正午發生爆炸，大量糖蜜灑到馬路和鄰近的人行道，將受害者推倒在地。專家表示，如果這起事件發生在七月炎熱的下午，黏稠的糖蜜可能會噴散至離儲存槽更遠的地方，造成更嚴重的災情。

正確的設計、品質更好的材料、適當的安全措施，以及監管人員將危險訊號放在心上，說不定就能避免波士頓糖蜜的悲劇。這起事件清楚的提醒我們，實用的構想必須由有能力的掌舵者使用正確的工具來執行。這場致命的災難證明，沒有一種工具可以滿足所有用途，就像在粉刷房間時，鐵錘毫無用處一樣。

同樣的概念，也適用於金錢。

財富無疑可以讓我們擺脫不需要的工作，使生活變得更輕鬆，可以更自由的利用我們的時間。然而，如果以為金錢能夠解決我們遇上的每一個挑戰，問題就出現了。讓我們來看金錢能解決或不能解決的一些問題。我希望你能誠實反省你在自己的生活中如何使用金錢。

以下是金錢可以幫忙解決的一些問題：

- **購買時間**：時間很寶貴，金錢使我們有機會將更多的時間花在所愛的人身上、參與我們喜歡的活動，以及將自己從不愉快或耗時的工作中解放。因此，購買時間是金錢的最棒、最好的用途之一。
- **提供新鮮感**：我們有時需要暫時脫離平凡的生活。沒有什麼活動比探索一個新城市、嘗試另一種文化的美食、融入不同的風俗習慣更能令人感到興奮。事實證明，旅行的新鮮感可以提升幸福感，是一種有價值的花錢方式。康乃爾大學的研究發現，將錢花在新奇刺激的體驗、而非物質商品上，會讓你的錢花得更值得。[22]

- **投資自己**：自我提升是個人成長中重要的一環，但代價可能相當昂貴。有足夠的錢，我們就有能力投資在健康食品、按摩、私人教練、心理治療和其他形式的自我照顧上，預防將來可能出現在生活中的問題。當你投資自己的健康時，也能看到「複利」的效果，可不只適用在金錢投資上。
- **接受教育和發展技能**：學習是能豐富生活的強大力量，可以打開新的職業之門，增加收入的潛能。如果你有足夠的經濟能力，追求高等教育和技能發展不只可以改善工作前景，還能提高整體生活滿意度。說到這裡，我想順便告訴大家，唸大學還是很值得的。根據喬治城大學（Georgetown University）教育和勞動力中心報告，現在大學畢業生在職業生涯中的平均總收入為兩百八十萬美元，高中學歷的人的卻只有一百六十萬美元。[23]擁有學士學位還可以提高結婚的機會，同時降低離婚的可能性。另外，它對健康也有好處：大學畢業生患第二型糖尿病和心臟病的機率較低，平均壽命也比非大學畢業生的同齡者更長。[24]
- **負擔醫療保健**：有了足夠的錢，就能得到最好的醫療保健。根據不同的統計數據，一生中你需花費的健康相關費用應該至少四十萬美元左右（以美元現值計算）。[25]著名的富達投資（Fidelity Investments）的研究更表明，在二〇二三年屆齡六十五歲的退休夫婦，平均可能需要支付超過三十一萬五千美元的醫療費用。[26]如果能有足夠的錢，就不必擔心這些高昂的醫療帳單，豈不令人大大的鬆一口氣？

財富有改善生活的能力，甚至可以治癒某些疾病，可惜它並不是萬靈丹。以下是一些金錢無法解決的問題：

- **幸福**：你可能早就猜到，不過我們還是使用一下求救機會吧。心理學家馬丁．賽里格曼告訴我們，金錢在某些方面還是可以幫助我們獲得與維持幸福，只不過，它無法給予真正的快樂。他提出建立在幸福感和正向心理學理論上的PERMA模型，備受推崇。PERMA模型主張幸福的關鍵深受個人內在經驗、人際關係和使命感的影響，金錢對這些關鍵幾乎起不了作用。金錢與幸福之間的關係複雜，甚至相互交纏，絕對不是一對一的簡單關係。如果你認為擁有愈多的錢就表示愈幸福（大多數人都這麼認為），你就錯了。
- **人際關係**：賽里格曼的PERMA模型也深入探討，正向的人際關係對於充實、持久的幸福感有多麼重要。如果你只能選一樣東西來改善生活，唯一的選擇就是穩健的人際關係。然而，金錢與人際關係的影響是很微妙的。寬裕的財務資源可以為你和家人的旅行買單，但也有可能使現有的關係變得複雜，甚至進一步破裂。無論如何，人與人相交的深厚情感是金錢所無法取代的。

- **意義與目的**：正如馬斯洛層次理論所言，只有在基本需求得到滿足之後，我們才有餘力投注於更高的需求，例如：意義和自我實現。套句甘地的話，面對飢餓的人，上帝只能以麵包的形式出現。從這個角度來看，金錢可以幫助我們從瑣事中脫身，進而**思考自己的目標**，但它無法代替我們實現目標時**必須付出的努力**。

「金錢是解決所有問題的工具」的信念難以動搖，因為它充滿許多半真半假的說法：

- 金錢不能直接買到幸福，但它可以讓我們遠離悲慘的生活。
- 金錢買不到愛情，但它可以買到巧克力和玫瑰。
- 金錢不能為我們買到目標，但它可以買到時間讓我們思考生命的意義。

不可否認，金錢可以產生正面的影響，但是依賴這些片面的事實可能讓人誤以為金錢可以解決所有問題。這種被誤導的信念，通常導致我們花盡力氣去追求物質財富，卻永遠無法完全滿足，白白浪費寶貴的時間和精力。

為了將這個領悟應用在現實人生中，請你花點時間思考，你是否一直依賴金錢，將它當成在幸福、人際關係或目標領域中，尋求滿足感的主要工具？

現在，請想出一個你在本週就能嘗試的非金錢方法，讓自己可以更直接的獲得想要的東西。如果想追求幸福，請深入探究什麼樣的經驗能刺激你的感官。你可以從選擇一條不同的上班路線之類的小事做起，再仔細考慮下一次假期該去哪裡旅行這樣的大事。如果想追求人際關係，請反省誰在你的生活扮演重要的角色，以及你是否重視他們的付出。與老朋友一起喝杯咖啡，對你和朋友來說都是一件很棒的事；或許你也應該安排與另一半來場特別的約會。

如果你在找的是人生意義和目的，那麼請在清晨醒來後立刻祈禱、冥想，或只是安靜的思考，可能會幫助你發現你現在缺少的到底是什麼。

使用錯誤的工具、走捷徑，都可能讓生活和金錢陷入難解的困境。財富應該要用在經過學者證明最能用錢有效解決的問題上。你要解決人生中更深層的問題，需要的是不同的工具，而非金錢。

「比較」是偷走快樂的賊

相信沒有人會否認梵谷的藝術才華。現代社會不但對這位荷蘭畫家敬仰有加，並將他視為創意領域中地位最崇高的人。

這位十九世紀的藝術家卻擁有極為複雜的靈魂。有人認為，他是出於嫉妒才在三十五歲時用刀片割掉自己左耳的下半部分。當時他正和藝術家保羅．高更一起在法國亞爾鎮（Arles）作畫。據說他在小心包紮傷口後，拿報紙包好被割下的耳朵，將它送至當地一家妓院。他將這隻耳朵送給一位女士，並要求她「小心保管」。隔天早上，警察發現昏迷不醒的梵谷，將他送往附近的醫院，隨後他被割下的耳朵殘片也被送過去。年輕的醫生菲利克斯．雷（Felix Ray）認為間隔時間過長，耳朵無法再縫合。梵谷後來畫了《耳朵纏著繃帶的自畫像》和《耳朵纏著繃帶及拿菸斗的自畫像》，他毀容後的臉經由這兩幅畫在歷史上永垂不朽。[27]

儘管一百多年來，這個故事被講過一遍又一遍，但其中幾個重要的情節卻依舊籠罩在謎霧之中。他割掉的是一部分耳朵，還是整隻耳朵？沒有人有肯定的答案。他把耳朵送給妓女、女傭，還是妓院的夜班經理？至今也眾說紛紜。最關鍵的是，對於他為什麼要割掉自己的耳朵，至今仍存在各式各樣的說法。

心理學家威廉・麥金利・倫揚（W. M. Runyan）對此在一九八一年發表的論文中提出多達十三種的可能原因，理由五花八門，不論是想吸引當地家庭的注意力，或是重演西門彼得（Simon Peter）在耶穌受難前削掉一名前來逮捕耶穌的人的耳朵。[28]其中，最被廣泛接受的兩種解釋，共通點都認為原因在於嫉妒和比較。

長久以來，人們普遍認為，梵谷割掉耳朵是為了報復與他有合作關係、讓他既崇拜又嫉妒的高更。梵谷窮極一生都在克服自我的不足和懷疑。[29]然而，他不停的將自己與同時代藝術家進行比較的習慣，更是讓他的情況雪上加霜。

印象派在那段時日逐漸盛行，莫內、雷諾瓦等藝術家的作品備受矚目。後世的人相信，梵谷認為自己的作品不如同輩，在他寫給弟弟西奧（Theo）的六百多封信中，詳細記錄他與憂鬱、自我懷疑的持續對抗。不幸的是，梵谷在三十七歲時自殺身亡，僅僅六個月後，他弟弟也離開人世。[30]

梵谷在自殘那天和高更發生過爭執，長久以來，大家一直認為這場爭吵是導致駭人的耳朵事件的直接原因。然而，新的研究卻表示，導致這種自殘行為的可能並不是因為嫉妒另一位藝術家，而是梵谷對自己更親近的人、也就是他的弟弟西奧所展現的不安全感。

有種說法認為，梵谷決定割掉自己的部分耳朵，是因為他收到西奧結婚的消息。西奧不只是哥哥的知己，也是哥哥在財務上的贊助人。西奧成為已婚男人的新生活有可能對兩兄弟之間的親密關係構成威脅。[31]

令人恐懼的是，比較和嫉妒在人類心中占有一席之地，而且確實有能力毀掉我們的生活，摧毀我們的經濟。

實驗研究顯示，如果我們和梵谷一樣，以金錢為中心做「社會比較」（social comparison）*，會讓我們感到悲傷。而且「向上比較的嫉妒」所帶來的沮喪程度，遠遠超過「向下比較的驕傲」所帶來的快樂。[32]這種現象與「損失規避」（loss aversion）※的概念是一致的。廣義來說，將自己和比自己更有錢的人進行比較所帶來的情緒困擾，超越將自己和不如自己有錢的人進行比較所獲得的滿足感。

根據二〇二一年的一項研究，社會比較在絕對收入對幸福感的影響上，扮演非常重要的角色。[33]研究發現，薪資中等的人比收入很高或很低的人更加幸福，因為他們能夠進行雙向的社會比較，而不只是大幅度的向上或向下比較。作者的結論是，隨著收入群體內部的不平等程度增加，社會比較造成的不幸感也會跟著增加。

中產階級的人基本上會說：「是的，有些人過得比我好，但也有很多人過得比我差，我已經很滿足。」另一方面，處於收入光譜兩端的人，要麼認為全世界都在針對他們，要麼覺得財務願望永遠無法實現，導致他們進行大幅度的比較，進而侵蝕滿足感。

更廣泛的研究也指出，決定我們幸或不幸的，其實是我們如何看待自己與他人的比較，而不是絕對富裕程度。發表在《心理學公報》（*Psychological Bulletin*）的一篇統合分析論文探討財富不平等、社會比較和幸福感之間的關係。這項研究蒐集全球超過兩百三十萬名參與者的數據，結果顯示，相較於以收入和教育程度衡量的客觀社經地位，人們心中認定的主觀社會經濟地位（也就是如何看待自己相較於其他人的收入、教育和職業），反而與幸福感更密切相關。人口稠密的國家對資源的競爭相對激烈，社會比較的影響也可能因此更為明顯。

我們如何看待自己與同儕之間的關係，已經發展成社會心理學的獨立分支。利昂·費斯廷格（Leon Festinger）的「社會比較理論」（social comparison theory）認為，每個人都有一種與生俱來

＊譯注：在缺乏客觀的情況下，拿他人當成比較尺度所進行的自我評價。
※譯注：人們面對同樣數量的利得與損失時，認為損失令人更加難受。

的動力，想藉著將自己與他人比較來評估自己的能力和特質。根據費斯廷格的理論，人們進行社會比較，是為了明白自己的價值，並確認自己的信念和態度。他進一步指出，社會比較可以當成減少生活中的不確定性和模糊性的一種手段（正如本書其他部分將詳細說明的，人類很討厭不確定性）。如果我們是一支股票，我們會觀察世界對我們定下的「合理市值」，確認自己是否走在正確的軌道上。[34]

就像費斯廷格指出的，比較是很自然的行為，但並非所有的比較都有平等的立足點。社會比較無法避免，但我們可以深入思考該如何進行比較、和誰比較，以避免理智被嫉妒侵蝕。

請在生活中應用以下策略，專注於肯定真正的自我，不要隨波逐流的以這個世界的扭曲想法來評估自己：

- **專注於你的目標和價值**：每個人眼中的成功和成就感並不相同。我將自己的第一本書取名為《個人指標》（*Personal Benchmark*），是受加拿大心理學家喬丹·彼得森（Jordan Peterson）的啟發，他說過：「將自己與昨天的自己比較，而不是與今天的別人比較。」

- **表達感激之情：**培養感恩的心，有助於抵消任何嫉妒的情緒。研究顯示，表達感激之情可以讓你更快樂，而且增加整體幸福感。與僅接受心理諮詢的人相比，接受諮詢同時也寫感謝信的人心理健康狀況更好。[35]
- **限制接觸社交媒體：**科學證據證明，過度使用社交媒體會導致悲傷和不滿的情緒。二〇二二年研究社交媒體使用時間和憂鬱症關聯的一項統合分析顯示，青少年使用社交媒體的時間每增加一小時，罹患憂鬱症的風險就會上升一三％。[36]請考慮為你花在社交媒體上的時間設定界限，留意它如何影響情緒。暫時離開社交媒體或取消追蹤那些容易引發比較的帳號，對心理健康會有所幫助。
- **選擇你的參考對照組：**截至二〇二三年，Instagram 上最多人關注的前十名，平均淨資產約為四億美元，更別說他們大多還有漂亮的腹肌。正如研究顯示，與遠遠超出我們財務範圍的人相比是一條痛苦的路。仔細考慮你的對照組，選擇與你擁有共同價值觀、目標和優先事項的人，並尋找能夠在未來激勵你、支持你的人生導師。

你的價值不是由 Instagram 的追蹤數來決定，有多少人按讚都無關緊要。對自己的生命和一路獲得的祝福抱持感恩的心，你可以避開世界上所有無益的雜訊（自然也就不必割掉自己的耳朵）。

搞錯問題，危機就是自找的

「漂亮五十」（Nifty Fifty）是對一九六〇年代和一九七〇年代美國優質成長股的暱稱，其中許多股票至今仍然存在。美國運通、百得（Black & Decker）、可口可樂（這是我最喜歡的）、ＩＢＭ、輝瑞（Pfizer）和沃爾瑪（Walmart）等，都在這五十家公司名單之內，而且直到今日仍是眾所皆知的績優股。

然而，另一個家喻戶曉的企業（至少對像我這樣在一九八〇年代和一九九〇年代長大的孩子來說）卻沒有機會享受同等的成功。幾十年前，伊士曼柯達（Eastman Kodak）主宰攝影界。Ｘ世代及更年長的人都熟悉「柯達時刻」，但今天的年輕人可能不知道什麼意思。

為什麼會這樣？

柯達對未來的展望主要集中在傳統的攝影膠卷業務，而不是即將到來的科技大變革。當ＩＢＭ、微軟、蘋果等巨頭推動數位和個人化技術革命時，柯達卻未能發展現代化的商業模式，銷售成績在進入千禧世紀後一落千丈，公司陷入困境，即使它們很努力的試圖解決問題，最終仍在二

○一二年宣布倒閉。

另一個未能解決問題的案例發生在二十一世紀初，全盛時期的百視達（Blockbuster）和剛上市的 Netflix 展開正面交鋒。百視達是首屈一指的錄影帶出租公司（這在今天聽起來有多麼過時），但無法適應不斷變化的消費者口味成為它的致命缺陷。與柯達一樣，在公司最終滅亡的過程中新興技術扮演至關重要的角色。

二○○五年時，Netflix 還只是一家提供ＤＶＤ郵寄服務的公司，但共同創辦人兼執行長里德·哈斯廷斯（Reed Hastings）卻憧憬串流服務的未來。同一時間，百視達說服自己，人們會繼續在週五晚上開車到錄影帶出租店，然後租片回家輕鬆觀賞，並可能因為忘記按時歸還或沒有依照規定倒帶而支付罰金。

可惜的是，百視達對實體店的執著，加上沒有做好準備便莽撞進軍數位影片市場，導致公司在二○一○年破產。諷刺的是，原本百視達有機會以五千萬美元收購 Netflix，但它的管理團隊卻把 Netflix 的共同創辦人馬克·藍道夫（Marc Randolph）掃地出門。[37]如今，百視達只剩下一家門市，開在俄勒岡州的本德（Bend）供人懷念，而且更有趣的是，二○二二年 Netflix 還以這家店為背景拍攝一部職場電視喜劇《人生百視達》（*Blockbuster*）。

在解決錯誤這件事上，黑莓公司（BlackBerry）絕對是第一名。我們必須承認，這家行動電話公司確實是當時手機市場的先驅。黑莓機的實體鍵盤深受商務人士喜愛，在二〇〇〇年代末智慧型手機尚未成為真正主流之前，黑莓機的安全電子郵件功能已經將隨身工作變成可能。然而，黑莓公司的失敗是未能及時適應新趨勢的保守主義偏見，它沒有接受消費者對觸控螢幕技術的喜愛，堅持將實體鍵盤當成主要賣點。結果，蘋果手機和安卓手機徹底擊垮黑莓機。但雖然實體鍵盤已成過去，黑莓機仍然存在，但情況大不如前。二〇〇八年，當時名為「行動研究」（Research In Motion）的黑莓公司每股高達一百五十美元，如今榮光不再，股價一路下滑，一股只剩不到五美元。

商業史上充滿傑出的績優股公司努力解決問題的故事，但是投資者如果無法釐清真正的問題為何，可能會同樣掉進又深又大的陷阱裡。

金錢壓力可能是所有壓力的根源。美國的個人儲蓄率一直只徘徊在四%，加上不斷和他人比較的消費衝動，導致人們時常為了永無止境的財富追求而放棄自身的健康。根據 Qualtrics 雲端問卷調查平台的數據，每位美國受雇者平均每年都會留下大約十天未使用的休假。[38] 換算下來，為了多賺點錢，全美共犧牲超過一百萬週的休假時數，與當局為了維持勞動者的身心健康而規定這些休假時數的初衷完全背道而馳。

彷彿大家相信只要更努力、更長時間的工作，就能在下一次晉升中脫穎而出，也能更接近我們的財務目標。然而，顯然完全搞錯目標。統計數據敲響一記警鐘。世界衛生組織發現，每年有七十四萬五千人因過勞和倦怠而「超量死亡」*。不僅如此，每年因工作時間過長所增加的醫療費用，更是高達一千九百億美元。[39]要正確的解決問題，可能意味著你必須徹底嚴守離開辦公室的時間，並且有意識的將時間用於陪伴你所愛的人，參與有趣的戶外活動，以及重新安排工作在生活中的優先順序。

財經頻道是另一個我們試圖解決問題的平台。市場觀察者喜歡關注未知且無法控制的事情。因此近年來，我們看到的每分鐘報導都是病毒傳播、遠方戰爭的結果，以及總統或總理的政治手段。但是我們為什麼要執著於這些議題？當自己無法影響情勢時，為什麼還想去了解所有的變數？歸根究柢，這是控制的幻覺，讓個人高估自己對問題的掌控能力。

在投資市場上展現這些控制幻覺，往往會讓你頻繁檢查帳戶餘額，在早上多花點時間瀏覽全國廣播公司商業頻道（CNBC）、福克斯商業頻道（Fox Business）或彭博社官網（Bloomberg）的新聞，或者受到短期恐懼的影響調整投資組合，將長期投資的邏輯拋在腦後。

＊譯注：實際死亡人數多於預期死亡人數。

為了正確的解決問題，第一步是承認你對大多數的外在事件幾乎沒有控制權。抱持這種謙卑的態度，會讓你的腦袋在面對金錢相關的問題時，做出更好、更理性的決定。

說到底，投資不是為了擊敗市場，這不是你應該嘗試解決的問題。**投資是一種確保財務和個人自由的方法，即使每個人對此的定義不同**。市場和我們的投資組合中充斥各種報酬率百分比，使我們很容易便能將一項投資與另一項投資做比較，並想盡辦法爭取最佳報酬率。然而，對於大多數的普通人來說，根據我們的目標和價值觀決定股票和債券的組合，再直接進行分配，對我們來說相當合理，遠比以擊敗任何績效指標或將利益最大化當成目標都還要明智。

我們從標普全球公司（S&P Global）的標普道瓊斯指數（SPIVA）年度紀錄得知，大部分的專業投資者實際表現都無法超越自己選擇的績效指標。二十年來，約有九成的美國股票共同基金表現低於績效指標。[40]作家兼行為金融專家布萊恩・波堤諾（Brian Portnoy）博士發現，僅有五%的專業人士表現出他們是有挑選資產才能的經理人。對於為了存退休金才進入投資市場的普通人而言，試圖那麼做自然只會徒勞無功，而且顯然就是在試圖解決錯的問題。

我們應該忘掉想要超越某種績效指標或某個人的念頭。就像《華爾街日報》專欄作家傑森・茲威格（Jason Zweig）說的：「投資並不是要在別人的遊戲裡擊敗他們，而是要在自己的遊戲裡控制自己。」[41]

有許多原因會引誘我們去解決錯的問題。有時我們會被問題的複雜性吸引，感覺它很重要；因為，有時擔心一些外在原因比專注於處理好自己的事情還要容易。無論如何，如果我們不希望我們的財務狀況走上和百視達一樣的路，最好的做法便是專注於解決既有意義又在我們控制範圍內的問題。

人生最值得購買的是「時間」

你看過電影《辣媽辣妹》（*Freaky Friday*）嗎？因為我有個進入青春期的女兒，所以我看過。為了那些還未看過這部電影的人，讓我很快的劇透一下（別擔心，我們馬上就會討論到理財問題。）

原創電影在一九七六年上映，由潔美・李・寇蒂斯（Jamie Lee Curtis）和琳賽・蘿涵（Lindsay Lohan）主演，二〇〇三年重新翻拍。劇情是媽媽艾倫（Ellen）和女兒安娜貝爾（Annabel）神祕的靈魂互換，爆笑又逗趣的衝突隨之而來。在電影開頭，我們目睹一位壓力大、忙碌的美國母親和暴躁的青春期女兒之間的典型衝突。然而，一天早上，兩人醒來後卻震驚的發現自己和對方交換靈魂。

其實，設身處地為他人著想極具挑戰性，因為對一個人來說再自然不過的事，卻可能變成另一個人看似無法克服的任務。交換靈魂之後，艾倫被迫處理高中生活的大小問題，安娜貝爾被迫承擔成年人的責任，包括她母親的訂婚事宜。經過一段時間的磨合，兩人終於可以融洽相處，也更進一步的了解對方每天的掙扎，從而重新欣賞彼此。她們為彼此解決問題，在家庭內部，溝通、理解和相互尊重等價值觀也得到強化。

靈魂交換的結果是，成年女性和青少年從對方的角度看見彼此的生活。身為心理學家，我認為，這樣的假設能讓我們進行一個有趣的行為實驗，引導我們加深同理心以及相互欣賞。

讓我問你：你願意與下面描述的神祕人物進行《辣媽辣妹》式的靈魂交換嗎？

這個人是世界第五大富豪，目前淨資產為一千一百七十億美元。他因其聰明才智而廣受尊重，舉世聞名。他非常喜歡自己的工作，甚至形容自己每天都「心情雀躍的去上班」。

相當不錯的設定，對吧？你準備好要交換靈魂嗎？如果我告訴你，這個人已經九十三歲，他自稱他的飲食習慣有如一年級小學生，可樂和麥當勞是他的主食，你又會怎麼想呢？

你可能會猜我說的人是華倫．巴菲特（Warren Buffett）。雖然關於巴菲特最初的描述，如財富、幸福和尊重等可能引起你的注意，但當我告訴你他的年齡時，你的興趣就明顯降低了吧？

為什麼呢？

因為你天生就知道，即使再多的金錢也不值得出賣你可以留在地球上的時間。你不願意和巴菲特交換的話，換算下來，你對自己剩餘時間的估價每年可就超過十億美元！由此可見，難怪有這麼多關於金錢如何改善我們生活的研究都與購買時間有關，也就不足為奇。

時間是如此寶貴，以致二〇〇九年提姆．凱瑟（Tim Kasser）和肯農．謝爾登（Kennon Sheldon）的研究發現，擁有更多的休閒時間與更高的生活幸福感、滿意度息息相關，即使已經考量不同的所得水準，那些自稱喜歡忙碌的人亦是如此。這篇論文進一步描述「時間充裕感」（time affluence）是衡量員工士氣的一種方法。員工擁有的日常彈性愈高，覺得自己像股神巴菲特一樣每天心情雀躍的去上班的機率就愈大。[42]

當然，薪資也很重要。魏德曼（Weidman）、鄧恩（Dunn）和惠蘭斯（Whillans）在〈重視時間勝於金錢會帶來更大的幸福〉（Valuing time over money is associated with greater happiness）的文章中，調查人們如何重視時間和金錢這兩種最匱乏的資源。研究結果顯示，即使已將拜金主義和各種人口統計變數納入考量，時間放在優先地位的人，往往擁有較高的幸福感。[43]因此，下次當你爭取工作升遷時，請注意，這樣做可能會對被你經常低估的時間餘裕造成什麼影響。

這些證據讓我們思考，用一種稀缺資源（金錢）來購買更稀缺的資源（時間）是否值得。數據顯示，這樣的交易價值一直在上漲，因為全世界的人收入都在增加。根據二〇一七年的一項研究，薪水愈高的人時間往往愈緊迫。時間匱乏會造成幸福感降低、焦慮上升和失眠。時間不夠也會導致不健康的生活習慣，例如：忽視運動和肥胖率上升等。

更多的錢應該足以讓我們自由的將煩人的工作外包、住得離工作地點更近，並優先安排一點屬於自己的時間；然而，為何錢愈多的人時間反而愈少？太諷刺了吧？儘管如此，研究人員所謂的「時間饑荒」問題卻一年比一年惡化。

為了探討「錢多、時間少」這個矛盾的現象，研究發現，一個人有能力購買時間時，卻常常選擇不花錢購買時間。雖然那些為自己買下更多時間的人，整體享有更高的健康水準和更少的壓力，但在接受調查的八百一十八位百萬富翁中，只有大約一半的人會花錢將不喜歡的雜務外包或買回自己的時間。

作者進一步調查九十八位收到四十美元意外之財的成年上族族，問他們計劃如何花這筆錢。只有二％的參與者表示，他們會將錢花在為自己節省時間。[44]

愈來愈多的研究指向同樣的結論：我們應該追求更多的時間，而非更多的金錢。除此之外，只要我們有足夠的能力，就應該用錢贖回我們的時間。但說起來容易，做起來困難，更別提你可能因為外發工作就必須放棄某些控制權而感到恐懼。

考慮到這一點，以下是一些實踐的方法：

- **了解你的時間價值**：如果你的年薪是十萬美元，週薪就是一千九百二十三美元，每個工作日約為四百美元，每小時五十美元。嘗試將該數字減半來估計你的休閒時間價值。支付每小時二十五美元（或者再稍微多一點）請人幫你打理草坪、清潔房屋，甚至洗燙衣服，是否划算？看起來應該是。
- **縮短通勤時間，增加休閒生活**：英國的一項研究發現，每天在通勤上多花二十分鐘，產生的負面影響相當於工作減薪一九％。考慮到美國人每天平均通勤時間為五十分鐘，你可以試圖減少平日塞在車陣的時間，來得到加薪的感覺。[45]
- **善用科技**：投資在可以自動化或簡化工作流程的工具。如果你是企業主，請不要在每天使用的物品上省錢。注重效率，盡量避免科技的負面影響，不要浪費時間。
- **將討厭的工作外發**：如果你真心喜歡做某件事，用不著將所有家事或責任都外包出去。比如我喜歡烹飪，我發現烹飪時很適合冥想，而且也能藉此和孩子們互動合作，培養感情。另一方面，我很不喜歡修剪院子裡的植物。因此將你討厭的任務外發出去，可以一石二鳥，既可以贖回你的時間，又可以從討厭的工作中解放。

購買時間是最強大、卻也最容易被忽略的快樂來源之一。用錢來換取每週幾個小時的自由，雖然不像奢侈品可以拿在手中，似乎比較沒有真實感。然而，證據顯示，它比購物更可靠的提升你的幸福感，同時減輕壓力。毫無疑問的，時間的確是你今天可以買到、而且明天永遠更有價值的寶物。

健康是最重要的財富

兩年前，我以為自己快死了。

從一連串毫無預警的劇烈頭痛開始，痛得讓人幾乎癱瘓。我無法進食，無法工作，只能仰躺在黑暗的房間裡，希望頭痛能快點消失。

為了解決這個問題，我搜尋網路上的建議，從最不具侵入性的可能開始排除：牙痛。我沒有蛀牙，一顆都沒有，更不用說嚴重的蛀牙；但我還是乖乖去看牙醫，確定不是牙齒引發的問題。經過徹底的檢查後，牙醫肯定的告訴我，我的牙齒非常健康，於是我被推回找不到答案、必須考慮一連串更可怕的選擇的世界。

在之後的幾個月裡，我看遍所有想得到的醫生，試圖找出疼痛的根源。我拜訪耳鼻喉科醫師、神經科醫師、精神科醫師，甚至做了電腦斷層掃描。

沒有任何發現。

我嘗試順勢療法、氧氣治療、冥想和改變飲食。

沒有任何效果。

我經過六個月隨時可能無預警劇痛的日子，仍然找不出任何原因。有一天晚上，我痛到不得不去急診室。在前往醫院的路上，我崩潰了，忍不住啜泣，生怕自己會因為某種無法診斷或治療的神祕疾病而永遠垮掉。

我在急診室待一個晚上，進行一連串的檢查，卻沒有任何進一步的發現。我處於生命中的最低潮。毫不誇張的說，在那時候，如果你能告訴我疼痛的根源，給我一些安慰，我願意給你我所有的錢。

幾天之後，我在亞特蘭大參加客戶活動。我的臉頰在吃午餐時突然急劇腫脹。我找個藉口去洗手間，注意到我的牙齦發炎，顯然牙齒出了問題。進一步檢查後，確定我最初懷疑的牙齒真的就是這場長達半年的疼痛戰爭的元凶。那天晚上，我拔掉一顆嚴重裂開的牙，疼痛立刻消退，再也不曾復發。

我是一個愛錢的人。我寫很多關於金錢的文章、談論金錢，以研究金錢為生，我對金錢的思考比一般人應該思考的更多。但在我健康出現問題的那幾個月，金錢卻變成腦海中最無關緊要的東

西。當時，我對於財務的唯一想法就是：我如何花錢為自己買到更好的健康。事實上，沒有健康就沒有真正的財富，我們為改善身體、精神和心理健康而獲得的利益，往往也會改善財務生活，反之亦然。

錢包與身體的關係再現實不過。雖然我很幸運能夠有足夠財力去尋求治療神祕疾病的方法，但不可否認的是，許多人和家庭光是為了應付日常生活開支就已經陷入掙扎。這種持續不斷的壓力極為沉重，財務壓力已經被證實會直接導致身心健康不佳。《社會科學與醫學》（*Social Science & Medicine*）期刊的研究顯示，與債務相關的財務困境會使罹患憂鬱症的機率增加五一%。[46]

除此之外，金錢壓力也可能表現在身體症狀上，例如：失眠、偏頭痛、免疫系統受損、消化問題等。即使你沒有因為財務問題而感到身體不適，你也可能發現自己在面對意料外的開支時，你不會去拿支票簿來解決問題，反而會拿出一盒冰淇淋來安撫自己。

憂慮確實是當今文化中的一大問題。在疫情大流行期間和之後，全球焦慮程度達到歷史新高。根據二〇二三年第一資本金融公司（Capital One）進行的「金錢省思」（Mind of Money）調查，六成美國人對自己的財務狀況感到焦慮，而年輕一代的憂慮程度又比平均值更高。[47]

不管你是罹患嚴重的疾病，或正在經歷財務恐慌，往往你會因此清楚看見健康和財富之間存在密不可分、相互影響的關係。

先讓我們暫時遵循查理．蒙格的建議：「逆向思考，永遠要逆向思考。」財務焦慮會引發健康問題，健康問題也同樣會導致財務壓力的增加。如同我之前的情況，身體衰弱妨礙到工作。也許你也曾遇過因為生病被扣薪或事業進展停滯的類似經驗。

財務負擔沉重的勞工更容易出現各種健康問題，包括心臟病、糖尿病、偏頭痛、睡眠問題、慢性疼痛等。這些病症通常導致昂貴的醫療費用，使得財務焦慮和不穩定的情況持續下去。有證據顯示，財務上較困難的人經歷上述不良健康後果的可能性也比較高。[48]

二〇二三年投資顧問公司 BrightPlan 進行的健康動態調查發現，人們因為財務壓力，每週損失的工作時間長達一天。調查也顯示，有相當多的受訪者（七二％）偶爾會因為經濟拮据而決定不參加婚禮、或拒絕朋友外出用餐飲酒的邀約等社交活動。[49]這些令人憂心的統計數字再次凸顯利用所有可用資源的重要性，像是透過雇主提供的健康促進計畫，甚至只是單純撥些時間來恢復精神和體能。

以更宏觀的角度來看，如果我們繼續忽視社會整體的健康，將會導致國家經濟面臨長期風險。二〇一八年保險經紀公司韋萊韜悅（Willis Towers Watson）曾檢視員工的財務問題與工作表現之間的相關性，報告顯示，陷入財務困境的個人與聲稱自己沒有金錢壓力的同儕相比，損失的工作時間多出四一%；此外，與沒有壓力的同儕相比，他們的生產力據估計也減少二七%。[50]總體而言，財務壓力使美國雇主每年損失估計高達兩千億美元。

我們是否注定必須永無止境的面對金錢壓力和醫療帳單？

不一定。普渡大學健康生活中心的員工輔助顧問南希．庫克（Nancy Cook）建議大家，先仔細研究個人的財務狀況，然後主動採取措施，積極尋求協助。我們也可以訓練自己的大腦，讓自己更理性的看待金錢。

正如南希．庫克的建議，關鍵在於真正了解你的預算，承認健康與財富之間存在情緒層面的關係是重要的第一步，然後你可以做出更理性的決定，改善自己的財務狀況。這些行動包括為長期目標進行更多投資、建立應急基金，以及將一部分預算用於健康保健。

想想這個誘因：有證據顯示，經常運動可以對你的薪水產生正面影響。根據克利夫蘭州立大學經濟學家瓦希里歐斯．柯斯提斯（Vasilios Kosteas）的研究，經常運動可能會為你的薪資帶來高達一〇%的成長。[51]

再請你想像幾十年後的自己。是的，可能看似很遙遠、很模糊，但是想像未來的自己可以幫你辨識眼前事項的優先順序，包括你的日常作息、你的飲食習慣、你想要的旅行，以及你想親近的人。這些因素都會影響你的健康，以及如上所述的財務狀況。

麥克・芬克（Michael Finke）博士（或者我應該稱他為麥克・芬克雙博士，因為他擁有兩個博士學位）是過去幾年我最喜歡的播客嘉賓之一。麥克是全美知名專門研究財務建議、財務規畫監管、投資和散戶行為價值的學者。但他的第一個博士學位其實是在飲食和運動的領域，因為他意外發現，體格健康與擁有良好儲蓄和投資行為之間存在令人難以置信的密切關係。

誰想得到，定期運動也可以促使你的銀行帳戶餘額上升？

我親身體驗過健康和財富之間密不可分的關係。身心健康出狀況可能導致財務壓力（反之亦然），阻礙職業發展，甚至讓我們在財務獨立的道路上倒退。我們必須利用所有可得的現有資源，譬如健康計畫和自我保健，來改善健康和財務的穩定性。只注重其中一項而忽略另一項，實際上等同兩者都放棄。

過去、現在和未來，均為財富

查爾斯．狄更斯（Charles Dickens）的《小氣財神》（*A Christmas Carol*）是我最喜歡的小說，我認為它應該名列最重要的十大名著之一。可惜因為它太過普及，又被影視作品翻拍過太多次，反而讓人忽略它其實是一本存在主義的傑作。

這部中篇小說的主角是吝嗇的埃比尼澤．施顧己（Ebenezer Scrooge），他的心裡只有錢，一點都不在乎耶誕節的精神。三個幽靈在某年的平安夜造訪他，每個幽靈都向他展示自私的後果，以及愛和善良的重要性。

三個幽靈改變施顧己的人生，改變他的行為。當我們思考如何在不同階段學習讓自己的人生更豐富，施顧己成為很好的範本。我們就像施顧己一樣，在過著富足生活的同時，也可能會遇上過去、現在和未來的財務幽靈。

過去：第一個來到施顧己床邊的是過去耶誕節的幽靈，他將這位尖酸刻薄的老男人帶回年輕時代。年輕的施顧己經歷被忽視的孤獨童年，失去一名家庭成員，加上對財富的執著讓他與唯一的真愛貝兒（Belle）漸行漸遠。透過生動的回憶畫面，施顧己開始意識到自己的經歷如何讓他逐漸變成一個暴躁的老人。任何正面的回憶只讓他更感悔恨和遺憾。

現在：第二個出現的是現在的耶誕幽靈。他讓施顧己明白，為什麼他無法在耶誕期間感到快樂，幽靈帶他觀看其他人在過節時所感受到的歡樂，他卻沒有任何開心的感覺。克拉奇特（Cratchit）一家儘管處境卑微，卻和睦溫馨，讓他留下深刻的印象。除此之外，與克拉奇特家身體殘缺的小提姆（Tiny Tim）互動的感人時刻，喚起他內心深沉的情感。冷漠疏離的施顧己對比幽靈教導的家庭觀、愛和同情的價值，形成強烈落差。他的心又更軟化一點，他開始懷疑努力累積財富到底是為了什麼。

未來：最後登場的未來耶誕幽靈以不同的方式出現。這次，施顧己看到自己的死亡，沒有人真心哀悼他的去世。然而，更糟的是，他在目睹小提姆慘死時感到悲痛萬分。他直接面對人類終有一天會死，以及人的一生可能對其他人所產生的潛在影響。他在覺醒的那一刻，意識到自己目前為止的人生、以及將來能留給後世的東西有多麼空虛。

狄更斯將過去、現在和未來當成內省的催化劑，有效展示施顧己的人生經歷如何深深影響他的行為。穿越時空的旅程讓施顧己了解自己的行為和態度所帶來的後果，促使他發生極大的轉變。他很快的調整自己，改以慈悲和慷慨的行動迎接耶誕節。

最後，狄更斯再度強調一個關鍵訊息：施顧己還能掌握他當下和未來的行為及態度；他現在是什麼樣子，並不能定義他未來就會是什麼樣子。每個人都有可能得到救贖，有錢人當然也不例外。

是時候踏上重新發現自我的旅程，尋找新的方法，來為你所愛的人和其他人的生活帶來正面影響。

你會選擇深入了解過去、現在和未來的自己嗎？如果我們做好準備去傾聽和學習，便能從這三個部分去學到不同的見解和教訓。我們應該在「過去」尋求理解，從「現在」尋找連結，從「未來」找到啟發。

布倫丹．弗雷澤（Brendan Frazier）是「理財人性面」（the human side of money）的專家，對於將注意力放在過去，他是這麼說的：「大多數的財務建議都圍著生活裡的兩點打轉：一是你今天在哪裡（現在）；二是你想去哪裡（未來）。然而，驅動客戶財務決策的態度、信念和行為，反而源於一個上述沒有列出的範圍，那就是『過去』。」[52]

弗雷澤舉例說明。一個人因為父母有以昂貴禮物表達愛意的習慣，所以在不知不覺中回承襲同樣的模式。奢侈的生活方式不利於實現儲蓄目標，讓人忽視為將來儲蓄的重要性。弗雷澤說：「過去形成的信念影響現在的決策，危及未來的目標。最好的建議是應該將注意力同時放在過去、現在和未來。」

重要的是，有一個重要區別我們必須說明，以免有時在把一切都歸因於過去經歷的心理學世界中忘記這一點：你的過去確實影響今天的你，有時影響甚至非常大，但這並不會決定你能成為什麼樣的人（《小氣財神》就是個好例子）。

挖掘過去的財務決策和陳述目的是為了檢視它們，確定哪些至今仍然有影響力，才能為今天和明天做出更明智的決定。絕對不是沉溺於過去的錯誤，也不是讓我們被從小養成的金錢觀支配未來的財務行為。正如佛洛伊德說過：「不了解過去，就會被它束縛；記住且了解過去，就能得到自由。」

為了開始了解自己的過去，請回答下列問題：

- 我最早關於金錢的記憶是什麼？這些記憶對我現在的財務決策有什麼影響？
- 我過去經歷哪些財務挫折和成功？這些挫折和成功對我建立更美好的未來有何啟發？

- 當我回顧這些年來的財務決策時，有哪些主題或模式存在？又有哪些歷史經驗或金錢腳本可能在背後驅動這些決定？

我們想要回顧過去，就必須思考這些問題。

十九世紀初期的存在主義創立者索倫．齊克果（Soren Kierkegaard）曾經感嘆：「大多數人總是如此匆忙的追求快樂，結果一不小心就和它擦身而過。」

從齊克果時代以來，情況似乎沒有太大的改變，現在美國人花費在非必要支出上的金額每年平均高達一萬八千美元。[53]即使自由支配花費本身並無不妥（我們的經濟仰賴於個人消費，我不否認自己也有盡一份力），但其中很大的問題是在我們無意識的情況下支出，我們卻沒有享受到。這才是問題所在。

此外，一項針對一千多名受訪者的調查發現，人們平均每月會浪費一百三十九美元在不必要的扣款、重複購買和不記得的每月訂閱費上（更別提一堆沒有使用的預付卡）。雖然數目看起來似乎不多，但將時間拉長至一生，機會成本卻異常巨大。假設每月粗心大意的代價是一百三十九美元，工作壽命為四十三年如果這筆錢變成是每個月的儲蓄並且投資，不是白白浪費掉，以股票指數型基金平均每年報酬率一〇%來計算，經過複利的加乘效果，你退休時這筆金額會超過一百萬美元！

花錢、購買奢侈品犒賞自己，本質上並非壞事。不過，我想大家都同意，我們花錢時可以花得更好、更深思熟慮，同時更能好好的品味錢所購買到的價值。這就是我們的目標。

因此，為了自我評估，請回答以下問題：

- 在我想著下一個購物目標前，是否會花點時間欣賞已經擁有的東西？
- 我最近是否詳細檢查個人支出，確保有沒有什麼地方「遺漏」，像是買什麼東西卻派不上場，或者根本沒拿出來使用？
- 當我想到金錢時會產生什麼情緒？這些情緒如何影響我的消費？

我們汲取過去的教訓，為了擁抱現在的生活，下一步該做的就是，制定一個可以激發大膽行動的未來願景。

維克多．弗蘭克爾（Viktor Frankl）的「意義治療法」在這裡非常適用。**意義治療法是一種強調尋求人生目標的心理治療**。我們可以利用它的力量，讓你的支出與你的價值觀保持一致，做出更有意義、更令人滿意的財務決策。這種技巧鼓勵你有意識的行動，從而帶來更大的滿足感。

雖然佛洛伊德的決定論認為，我們是被過去推著走的（真是謝了！老爸老媽），但弗蘭克爾卻認為，我們可以選擇被自己未來的夢想拉著往前走。前者完全不受我們控制，後者卻相對而言能被我們掌控。

弗蘭克爾在集中營裡親眼觀察到，「囚犯若是對未來——精確來說，對『他的』未來——失去信心，就注定會被淘汰。他失去對未來的信心，就失去精神支柱。他會放任自己往下墜，不管身體和精神狀況都會迅速衰退。」弗蘭克爾打破當時的心理分析傳統，大膽提出一個人類可以茁壯、成長的有力願景。他解釋：「阻礙我們前進的不是過去，而是未來；以及我們今天如何破壞未來。」

對所有人來說，當我們允許自己受童年的金錢經驗或過去的錯誤束縛時，我們的財務未來就會遭受傷害。當我們深受日常瑣事的拖累，從未抬頭想像地平線那端可能存在的生活時，我們的財務未來就會跟著黯淡無光。

為我們的財務未來創造一個令人信服的願景，這不只是單純的胡言亂語。研究證實，這樣做有助於引導你的決策、促進行動，效果相當顯著。

如果你的未來願景看起來還很模糊，請思考以下問題：

- 對我而言，財務上的成功意味著什麼？與朋友或家人相比又有何不同？

• 我想對世界產生什麼影響？擁有更多的財富可以如何助我實現這個使命？
• 哪些個人及財務風險是我一直在猶豫是否要冒險承擔？經過今天的深思熟慮後我所決定承擔的風險，如何能讓我獲得更豐盛的明天？

請記住，就像弗蘭克爾的深入見解和施顧己的徹底改變，結合我們的願望和有目的的選擇，就有能力創造並實現更光明的未來。談到金錢時，我們必須用心且努力的發揮影響力，而且永遠不要害怕承擔風險。

第 2 部

面對財富的心態

財富可以讓我們擺脫不需要的工作，
使生活變得更輕鬆，更自由的利用時間。
我們要直視自己的弱點，戒掉理財壞習慣，
才能啟動致富模式。

關鍵財務決策與金錢無關

對大多數人來說，金錢就是煩惱的根源，所以很多人會做白日夢，幻想自己生來富有，這聽起來相當合理。

然而，你只要簡單檢視出生在富裕或有名望的家族的人，就會發現他們富有的生活往往不像遠處看來那般單純或令人嚮往。我們經常在各種形式流傳的寓言故事中聽到這樣的結論：「小心你許下的願望，因為它很可能會成真。」顯然不是無稽之談。

不相信？

容我向你介紹芭芭拉．赫頓（Barbara Hutton）女士。她曾是美國最富有的女性之一，出生於一九一二年，是富商之女艾德娜．伍爾沃斯（Edna Woolworth）和勞斯．赫頓（Laws Hutton）的女兒。她的外公是著名的廉價百貨連鎖店創辦人F．W．伍爾沃斯（F. W. Woolworth）。她確實含著金湯匙出生；然而，由於私生活的一些問題，她後來被美國人稱為「可憐的小富家女」。她得到財富的方式其實異常悲慘，母親雖然為芭芭拉留下數千萬美元的遺產，卻在她年僅五歲時便撒手人寰，原因據說是自殺。

芭芭拉・赫頓在二十一歲時嫁給歐洲貴族亞歷克西斯・姆迪瓦尼王子（Prince Alexis Mdivani），開始一連串愚蠢的財務行為。這場婚姻很快的以失敗收場，一九三五年雙方離婚，僅維持兩年。姆迪瓦尼是個花心大蘿蔔，最出名的作為是用妻子的錢舉辦各式豪華派對，而且經常賭博。他對妻子不忠，不管是在經濟上，還是在婚姻裡。赫頓總共結婚、離婚七次，夫婿包括一位男爵、三位王子、一位伯爵、一位花花公子和演員卡萊・葛倫（Cary Grant，媒體甚至為這對夫妻取了「現金和葛倫」〔Cash 'n' Cary〕的綽號）。

令她的財務困境雪上加霜的是，她總想在經濟上支持朋友，並且一直在與藥物濫用搏鬥。赫頓六十六歲時死在加州比佛利山莊的比佛利威爾希爾四季酒店（Beverly Wilshire Hotel）頂層豪華套房。曾經富有的她，去世時已經瀕臨破產的邊緣。

即使繼承相當於今天二十億美元的遺產，晚年的她銀行存款也只剩幾千美元。坦白說，她對男性的眼光不佳影響她的償債能力。雖然大多數人不會認為伴侶選擇錯誤是一種財務健康風險，但它的確讓芭芭拉損失好幾億美元。根據一本二〇一七年出版的傳記，她與波菲里奧・魯比羅薩

（Porfirio Rubirosa）的五十三天婚姻從一開始就代價高昂，除了一張一百萬美元的支票外，她還送他一個多明尼加的咖啡園、一架B—25飛機、為馬球賽培養的高價馬匹、珠寶；還有，最終離婚時付出的兩百五十萬美元。[54]

在現實生活中，金錢無所不在。因此，在各個領域所做的決定不可避免的都會影響我們的財務狀況。

我們可能沒有數十億美元可以折損在自己的人際關係裡，不過，無論個人財富有多少，離婚的經濟成本都很驚人。

根據二〇〇五年的一項研究，育有一個孩子的家庭，在離婚後家庭收入平均會下降四二%，與美國大蕭條時期經濟衰退影響家庭收入的數據相近，而且對父母和孩子都會產生影響。你可以看到，在夫婦離異後，原本強大的父母共同經濟體將分裂成兩個獨立且較弱的經濟體，導致離婚後財富水準顯著下降。[55]同樣令人不安的是，根據茱莉亞・希斯（Julia Heath）和B・F・凱克（B. F. Kiker）的研究，將近一半的美國家庭在離婚後陷入貧窮。[56]經濟合作與發展組織（OECD）報告指出，每四名申請社會救助的婦女中，就有三人是因為兩性關係破裂，不得已才申請社會福利金。[57]

雖然離婚帶來的情緒創傷通常會痊癒，但財務上的創傷卻會持續非常久。富達投資（Fidelity）的研究發現，分手五年後，七五％的離婚者表示他們在情感上已經恢復得差不多，但只有六五％的人表示，他們的經濟狀況也已經恢復正常。[58]有鑑於此，難怪希斯和凱克表示，離婚是預測貧窮時間長短的最重要指標。

我們希望將愛情視為一種不受金錢玷汙的純粹之物；但很明顯的，擁有更多的錢確實可以讓愛情之路變得平坦一些，待在愛的世界裡也會讓你擁有更多的錢。類似道理，住在哪裡、愛上誰、學習什麼、甚至吃什麼，這些決定都會對我們的財富產生重大影響，儘管這些決定都不在金融課程的知識範圍內。

以下是一些評估各種決策的技巧。整體而言，它們可以為你帶來更多的財富：

- **採用10／10／10法則**：權衡你的決策在短期（十分鐘）、中期（十個月）和長期（十年）的影響。就好像《歡樂單身派對》（*Jerry Seinfeld*）的主角傑瑞・史菲德，不斷的與「夜貓子」和「晨型人」奮鬥，你在心裡區分「眼前的快樂」和「可能長期後悔」，有助於你在當下做出更明智的選擇。

- **嘗試逆向思考**：不要立刻問「我該怎麼做？」，試著想「我應該避免什麼？」或「最糟糕的決定是什麼？」我繼續沿用婚姻為例，你可以省思自己想避開的伴侶特質，或在伴侶身上辨識出危險信號，可以讓你做出更明智、更深思熟慮的決定。這個策略幫你發現隱藏的風險，甚至可能找出更好的替代方案。
- **從不同角度檢視決策**：由情感上（我想做什麼？）、現實上（做什麼最合理？）、批判上（為什麼這麼做可能不合理？），以及消失的選項（如果這個選項不存在，我會怎麼做？），透過多角度的檢視方法，能夠幫助你對潛在影響有全面的了解。
- **進行小規模實驗**：我的妻子在同意嫁給我之前（至於這個決定她覺得成果如何，你得去問她），偷偷進行過幾次小實驗，確認我是她的真命天子。她邀請我去參加在布萊斯峽谷國家公園（Bryce Canyon National Park）舉行的家族旅遊，觀察我怎麼和孩子們互動（她有一個弟弟）、我如何處理睡眠不足的問題、她在旅途中會不會厭倦我的陪伴，以及我能否與她眾多的家庭成員相容，並且有能力的彈性滿足他們的需求。事實證明我合格了。這些經驗讓她能夠基於事實做出明智的決定，而不只是依賴假設。

看待財務與非財務方面的生活不能只以數字來衡量。透過更全面的思考方式，我們才能獲得以適當的角度和重心來做決策的能力。

應用上述提到的技術，例如，考慮各種角度、對親人進行實驗（但我對於自己居然通過測試，還是滿驚訝的），以及檢查潛在風險等，都能促使我們做出明智的選擇。金錢影響生活，生活影響金錢，但是你本身的影響力比什麼都要強大。

理財的必經之路是「遺忘」

在家裡你和誰最親近？也許是年齡相仿的兄弟姊妹，也許是從小玩到大的表兄弟姊妹？無論你和這些人的關係有多密切，都有可能隨著年齡增長逐漸分道揚鑣，到後來，只有在家族重大場合才會相聚。日常生活中，與家人和朋友相處的方式向來如此。

但埃里克森這對雙胞胎姐妹卻不一樣。

二〇〇八年五月的英國，烏蘇拉・埃里克森（Ursula Eriksson）和莎賓娜・埃里克森（Sabina Eriksson）引發軒然大波。這對來自瑞典、形影不離的姊妹從愛爾蘭踏上前往倫敦的旅程，途中發生一連串離奇的悲劇事件。抵達利物浦後，姐妹倆出現怪異的行為，引起同車旅客的恐慌。搭上前往倫敦的巴士後，她們更是大吵大鬧。有報導指稱，由於她們的擾亂其他乘客，司機被迫將車停靠在路邊報警。警方並未逮捕這對姊妹，但不允許她們再度返回巴士。

隨後，有人看到烏蘇拉和莎賓娜在繁忙的M6高速公路*附近徘徊，然後兩人莫名其妙的闖入車水馬龍的道路上。警方接獲報案，前來協助這兩名婦人，但她們卻在迎面駛來的車流中左閃右躲。烏蘇拉成功避開快速行駛的車輛，莎賓娜則沒那麼幸運，她被撞到，幸好傷勢不嚴重。

執法人員趕到現場時，親眼目睹這對雙胞胎再次魯莽的衝上高速公路，導致另一場車禍發生。這次，烏蘇拉受了重傷，莎賓娜則在清醒的狀態襲擊警察，隨後遭到逮捕。兩姊妹都被緊急送往醫院，留下對剛才發生的事件既擔憂又困惑的圍觀群眾。

在M6高速公路發生事故五個小時後，莎賓娜出院，並被警方拘留。在她認罪後，法院判處她一天的有期徒刑。她在監獄裡度過一夜，未經精神疾病評估就被釋放。重獲自由之後，莎賓娜在街上遊蕩尋找烏蘇拉，但她的行為很快又出狀況，她被控謀殺一位出於關心而收留她的好人。烏蘇拉康復後返回瑞典，莎賓娜則被判處五年有期徒刑。根據主審法官表示，她被輕判是因為她患有精神疾病。

媒體對此案非常關注，人們開始猜測引發這一系列令人痛心的事件的可能原因。據說，姐妹倆的朋友和家人都形容她們是友善的正常人，過去沒有明顯的藥物濫用或犯罪活動的跡象。在法庭上，辯方提出「folie à deux」的理由，字面意思是「兩人的瘋狂」，或者更常見的說法是「共生性妄想症」。

*編注：英國最長的高速公路，是英國最早開放的高速公路之一。

在共生性妄想症中，一個健康的家庭成員可能會因為代入另一個家庭成員的妄想症而變得精神失常。精神疾病患者扭曲的世界觀，可能會透過傳染的方式散播開來，導致另一個人也以同樣扭曲的眼光來看待人生。埃里克森姐妹的悲劇，就是這種情況的極端例證。

正如我在《非理性效應》書中解釋的，我們和親近的人共情、合作，甚至模仿其行為的能力，可能造就人類成就的顛峰。但是，如果不經思索就接受與我們交往最頻繁的人的世界觀，也可能導致我們採取一些會對生活和理財有危害的做法。

在財務行為方面，最明顯且通常無害的例子是我們受父母的影響有多大。大多數成年子女承認，父母對他們的金錢觀影響最大。儘管研究發現，一般而言，兩代之間從未明確討論過該如何思考金錢。[59]這裡隱含的意思是，財務態度是透過觀察傳遞的，但父母對金錢的態度來源或者是否真的恰當，其實子女了解得有限。

進一步的研究顯示，父母的溫暖表現與青少年的儲蓄行為呈現正向關係。事實證明，父母對孩子表達的關愛愈多，愈能培養孩子的安全感和信任感，讓青少年在金錢方面表現得更負責任。在「家庭過程和青少年的財務行為」研究中，作者發現，如果父母向子女傳達財務價值觀，孩子們為未來的教育儲蓄並捐款給慈善機構的可能性就會更高。[60]進一步的證據顯示，當父母監督青少年使用金錢的狀況時（例如，密切關注青少年的銀行帳戶），青少年擁有財務資產的可能性會提升，並且在成年後對個人財務也會表現出更積極的態度。[61]

如果你在不會因錢焦慮、將錢視為傳達健康理財觀念工具的家庭長大，你應該感到自己真是幸運。根據二〇〇七年的一項研究，事實證明，童年時期經常見到父母為錢吵架的大學生，積欠大額信用卡債的可能性較高。[62]更重要的是，二〇一〇年的一項研究強調，在篩選父母的社經地位後，如果父母不會因錢吵架，或父母在財務上的溝通良好，該大學生會有較低的財務和心理壓力，以及較高的幸福感。[63]

無可否認，我們的儲蓄和投資行為都受成長經歷的影響。《脫序的金錢行為：克隆茨博士金錢行為量表的發展》（*Disordered Money Behaviors: Development of the Klontz Money Behavior Inventory*）清楚指出八種可能破壞財務健康的細節，包括：強迫性購物、沉迷賭博、工作狂、財務扶持、財務依賴和財務否認。研究發現，這些使人弱化的行為往往源自於父母與孩子之間的問題。[64]

如果有財務顧問讀到這裡，可能會想到克隆茨博士（Brad Klontz）所說的「金錢腳本」。金錢腳本是我們潛意識中對金錢的信念和態度，通常在童年時期形成，並受到社會和文化因素的影響。金錢腳本是我們一生中如何看待、互動和做出財務決策的基礎。克隆茨博士的理念架構基礎是，我們應該努力、謙卑的意識到，雖然我們養成根深柢固的習慣，但是我們可以採取行動來挑戰和改變信念，從而與金錢建立更健康、更有力的關係。

父母教導我們（或者更恰當的說，是我們自己去吸收的）如何處理財務問題，讓我想起作家大衛・福斯特・華萊士（David Foster Wallace）在大學畢業典禮上發表的演講《這就是水》（*This is Water*）。他引用一則與魚有關的軼事，來說明日常生活和一些根深柢固的觀念，包括金錢觀往往受到一些沒人察覺的因素所影響。

故事講述兩條小魚在海裡快樂的游泳，牠們遇上一條年長的魚，問：「水怎麼樣？」其中一條小魚轉頭問另一條：「水是什麼東西？」也就是說，我們可能太過沉浸在自己所處的環境中，以致無法認識和理解塑造我們的態度和行為的究竟是什麼。我們都像福斯特・華萊士比喻的小魚，在我們的金錢腳本中游泳，全身浸在水中，卻完全不知道水是什麼。

那麼，我們如何以批判性的眼光開始審視，並且在某些情況下，努力忘記從小看到、學到的金錢教訓呢？

首先，我們需要一個思考金錢的心理架構，否則，金錢的概念太過抽象。我自己的研究發現，金錢價值往往沿著五個面向排列：

1. **溝通**：你談論金錢的方式是直接的，還是間接的？
2. **擔心**：你對自己的財務狀況有一點擔心，還是很擔心？
3. **功能**：財富的目的是為了享受今天，還是為了保障明天？
4. **定位**：金錢是供個人使用，還是集體使用？
5. **重要性**：金錢在你的美好生活願景中，重要或不重要？

要開始了解自己與金錢的故事，請將上列的每一個面向都想像成一條連續光譜，並嘗試在光譜上找到自己的位置。接下來，標記另一個點來代表你從父母或文化中接收的訊息，他們認為你應該在光譜的哪個位置？在這五條光譜上分別標示出來後，兩者有差別嗎？最後，標出另一個點，代表你真正想要的位置。

分析心理學始祖卡爾．榮格（Carl Jung）有句名言：「除非你讓無意識變得有意識，否則它將主導你的生活，而你會稱之為命運。」對許多人來說，我們依照繼承下來的金錢故事生活，並在不經思考的情況下將它消化成「事情本來就是這樣」。單獨來看，各種金錢態度沒有好壞之分。畢竟，上述五個面向各有利弊，只不過有些金錢觀並不適合我們現在生活的環境與時代。

想想戰區的士兵，在聽到巨響時會本能的趴倒在地；這是符合情境的本能反應。再想想同一個士兵，如果他退役後回到社區，每次汽車排氣管發出的爆響聲就會立刻臥倒在地。我們發現，雖然是相同的行為，但根據當前狀況不同，一種合適，另一種不合適。

你實際的財務狀況是由圍繞你的人和地方塑造而成，這些人和地方則是現實塑造而成的，這些現實可能與今日所經歷的完全不同。你只能拆解自己的金錢生活的各個部分，仔細檢視每個片段，決定保留哪些、丟棄哪些，才能寫出適合你的金錢故事，而且是符合你想要的生活的故事。

錯誤和缺點無法定義你是誰

身為阿拉巴馬州人，我一直以和海倫·凱勒（Helen Keller）同鄉為傲。她克服逆境的故事向我們展現對生命負全責的偉大力量。

凱勒在只有十九個月大時，患上可能是猩紅熱或腦膜炎的疾病，導致失聰和失明。凱勒在既黑暗又寂靜的孤獨世界裡走上一條極為艱難的道路。換作是我們大多數人都只想求生存，把日子一天一天的過下去。

現在停下來，想一想。

放下書，仔細聆聽周遭的世界。你聽到什麼？

凝視最近的窗外。你看到什麼？

捕捉所有的細節。做完這一分鐘的練習後，想像所有的豐富細節逐漸在緩慢的寧靜中褪為灰色。

光是想像，就足夠令人沮喪、害怕。

我們很容易理解小時候的凱勒為何經常發怒。因為她無法有效表達自己或理解周遭世界，導致她脾氣暴躁。她被困在黑暗與沉默之中，只能依靠別人為她完成所有的生活瑣事。然而，在一位值得信賴的老師的幫助下，她慢慢掌控自己的人生。儘管困難重重，凱勒還是成功的訓練自己，將原來必須由他人代做的生活瑣事重新接手。

安・沙利文（Anne Sullivan）就是影響凱勒一生最重要的導師，她陪在凱勒身邊，展現堅定不移的耐心和無限的同情心。老師引導凱勒的控制情緒，幫助她克服溝通障礙。經過多年的訓練，她的憤怒轉化為決心，恐懼變成力量。一點一滴的微小成就累積為巨大的成功。

凱勒說過一句名言：「沒有一個悲觀主義者發現過星星的祕密，或航行到未知的國度，或為人類精神開闢新的天堂。」正因為對自己的生命採取完全負責的態度，凱勒最終取得非凡的成就。她成為第一個獲得學士學位的聾盲人士，撰寫多本著作，並贏得美國最高的平民榮譽——總統自由勳章，同時激勵全世界的人們。

「控制觀」（locus of control）是心理學上的專業術語，指的是一個人對於生活自己掌握多少控制權的自覺，其中普遍分成「內控觀點」（ILOC）和「外控觀點」（ELOC）兩類。凱勒從

外控觀點轉為內控觀點，讓她從痛苦憤怒的受困者脫胎換骨，轉為激勵全世界的人物。同樣的，相信自己有能力改善生活，對你的財務狀況也有顯著的正面影響。

二〇一六年，一篇題為〈控制觀與儲蓄〉（Locus of Control and Savings）的論文分析個人控制觀與儲蓄行為（財富累積、儲蓄率和投資配置決策）之間的關係。研究人員發現，由內控觀點者管理家庭財務，比起由外控觀點者來管理可以存下更多的家庭儲蓄；無論是絕對金額還是占其永久收入的比例，皆是如此。[65]

《如何把收入轉化為財富》（*The Next Millionaire Next Door: Enduring Strategies for Building Wealth*）的合著者、數據點行為金融諮詢公司（DataPoints）創辦人莎拉・法洛博士（Dr. Sarah Fallaw）注意到，研究結果呈現某個預期模式：在較富裕的家庭中，比較擁有內控觀點與外控觀點的人，在累積財富上金額數字的差距最大；在最貧困的家庭中，兩者則在累積財富的比例上差距最為顯著。

「在較貧困家庭裡的倒數最後一組，由內控觀點者管理家庭財務，平均累積的財富比外控觀點者的家庭多出四〇%至六〇%。」數據點行為金融諮詢公司的提姆・法格（Tim Fallaw）表示，[66]研究結果強調內控觀點者對累積家庭財富的顯著影響，尤其在社會經濟地位較低的家庭中更是如此。

法洛博士繼續分析：「我們公司的研究顯示，擁有內控觀點的人通常在累積財富方面擁有更好的成果。」法洛在書中進一步寫道：「財務上能獨立的人專注在自己的選擇上，並對自己與金錢相關的行動和行為負責。」

現在對於個人理財的討論中，這是極為熱門的話題。類似上述的研究和主張往往會讓一些人感到不安，因為生活環境可能非常不公平，當其他人還在面對巨大的財務障礙時，少數幸運者就已經得到贏在起跑點的領先優勢。我們直白的說，有些天選之人甚至一出生就在距離終點線不到三公分的地方！不可否認的是，特定族群在他們成長的家庭和社區中，的確比其他人更容易獲得金錢相關的正面教育。健全的心智、信託基金、一流大學畢業的父母、擁有基本財務知識的和睦家庭……這些優勢都讓一個人在早期就擁有財務上的優勢，這些差距無法被簡單的數字或標準所衡量。世上總是存在著不公和厄運，儘管我們應該努力爭取平等，但現實是，競爭環境永遠不會完全公平。

法洛博士建議，我們應該要仔細區分「讓我不開心的事」和「不是真實的事」。我剛才提到的所有不公不義，都無法改變一個簡單的事實：對自己的財務生活負起個人責任，結果會比隨便接受現狀帶來更好的結果。

心理學家卡蘿・杜維克（Carol Dweck）在她的書《心態致勝：全新成功心理學》（*Mindset: The*

New Psychology of Success）中強調培養成長心態的重要性，這與內部控制的概念非常吻合。無論我們的起跑點在哪裡，她提出的想法可以幫助我們掌控自己的人生。以下是一些適用於理財生活的可行建議：

- **擁抱「尚未」的力量**：你在工作中面臨困難的專案，或發現自己永遠無法退休，請在說話時以「尚未」代替「無法」。正如你在工作上會變得愈來愈熟練、累積愈來愈多寶貴經驗一樣，財富成長往往也是一個極為緩慢的過程。雖然你尚未到達目標，但是只要有正確的計畫和做法，終究會抵達終點。
- **努力，是精熟的唯一道路**：即使是天賦最高的運動員，也必須不斷練習才能成就偉業。如果你缺乏精明的儲蓄或投資習慣，努力工作和養成良好的習慣也能幫你達到收支平衡。只要堅持不懈、做對的事，再加上一點點的努力，就能實現長期的財務成功。
- **尋求建設性的回饋**：歡迎他人提出意見，並視其為學習和成長的機會。這可能表示你需要諮詢財務顧問，或開誠布公的與信賴的人討論你與金錢的關係，他人的批評可以催化我們進一步發展、提升自我。
- **強調過程而非結果**：正如某首歌曲所說：「重要的不是我多快到達山巔，而是攀登的過程。」

將你的焦點從單純追求最終結果轉移到享受個人成長的旅程和成就感。如果你已經達到近期或中期目標，我很贊成你去好好的獎勵自己。另外，也記得挫折是難免的，請放寬心接受它。

- **培養對學習的熱情：**將新挑戰視為個人成長的機會，培養持續學習的心態。成功的退休人士經常敞開心胸，歡迎新的活動和想法成為他們生活一部分，儘管那些事是他們連想都沒有想過的。以開放的態度探索新的體驗，擴大自己的視野。

過去的錯誤和眼下的缺點無法定義你是誰。掌控自己的未來，抱持成長心態，克服你面臨的財務及其他所有的挑戰。從今天開始，就將理財之路的方向盤緊握在手中吧！

別糾結在自己的弱點上

亞伯特・愛因斯坦（Albert Einstein）大概是全世界最家喻戶曉的天才。可是他在少年時期卻遭遇許多毫不留情的嚴苛批評。出生於一八七九年的他，成長過程並非一帆風順。有些人無禮的叫他「傻瓜」，他的語言能力不佳，缺乏社交技巧，甚至連閱讀完整的句子都有困難，導致一些長輩給他貼上「智力缺陷」、「智障」的標籤。[67]

他在學校跟不上進度，讓父母愈來愈擔心他們的兒子可能智力不足。在課堂上，愛因斯坦從未符合傳統教育體系的期待，他的老師們大多認為他是個搗蛋鬼——當然不適合就讀資優班。根據作家沃爾特・艾薩克森（Walter Isaacson）的描述，愛因斯坦甚至被一位校長開除，那位校長堅信愛因斯坦一輩子不會出人頭地。

這些早期的嚴苛批評顯然未能看出愛因斯坦的天才實力。事實上，這些所謂的缺點反而培養他的敏銳度，比如語言發展遲緩讓他學會使用圖像思考。

艾薩克森說：「（年輕的愛因斯坦）思考『怎樣才能移動得和光線一樣快？』讓他最終摒棄牛

頓所說時間恆定*的觀點。」[68]想想，愛因斯坦到四歲才會講話，反而催化他將複雜概念圖象化的天賦。這些思想實驗成為他後來的理論和革命性的研究奠定良好的基礎。

愛因斯坦的另一項天賦是不在乎他人的批評。他在自己的興趣中找到慰藉，逐漸在激發他好奇心的領域表現出色，如物理和數學等。後來，愛因斯坦就讀瑞士蘇黎世理工學院（Polytechnic Institute of Zurich），他發現那裡不僅對學生非常友善、支持，而且會傾全力鍛鍊學生的強項。教授們很快發現他在數學和物理方面的非凡能力。之後發生的事情相信大家都已經耳熟能詳。

愛因斯坦的成長經歷說明專注在自己的優勢上可以有所成就。更重要的是，他被批評的那些缺陷，最終成為大放異彩的來源。愛因斯坦得以發揮真正的潛能，是因為他專注於自己的長處，而不是糾結於自己的短處。

談到財務生活時，許多人經常糾結在自己的弱點，未將注意力放在磨練自己的長處上。許多研究都強調人們具有這種傾向。一項調查發現，七〇％的美國人表示他們不善理財，主要問題出在自己總是過度消費。[69]晨星公司進行更深入研究，九八％的受訪者聲稱，他們對於金錢至少具有一種以上的偏見。[70]也許這就是為什麼一想到必須存更多的錢，大腦立刻壓力倍增的原因。美國心理學

協會進行的壓力研究發現，七二%的人對於金錢的擔憂，已經到了有礙健康的程度。[71]

然而，我們真的就這樣陷入絕望嗎？有幾個原因可以解釋為什麼我們會把注意力放在弱點，而非天賦上。

首先是負面偏見，它會讓我們更容易受到負面訊息和經驗的影響。這種偏見解釋為什麼糟糕的第一印象如此難以消除，為什麼我們會記得侮辱而不是讚美，以及為什麼我們對負面新聞比正面新聞更在意。

「見血才能上頭條」是流傳在媒體圈的常見說法，但你知道嗎？帶有指控性質的報導比起用正面方式呈現的同類報導，會大大提升在讀者心中的可信度。根據二〇一一年班傑明．席比（Benjamin E. Hilbig）的研究，激烈的負面報導會吸引更多的觀眾，更多的關注度往往意味著更具真實性。[72]

其次，更加諷刺的一點是，華爾街需要你認為自己無能，這樣他們才可以向你兜售他們的垃圾。就像龐大的美容產業利用我們對於自己缺乏吸引力（因此沒人愛）的恐懼，華爾街也需要你相信自己不善理財，這樣他們才能提供昂貴的產品和服務來解決你自認的弱點。

---

*編注：牛頓的理論假設不論觀察者在哪裡、移動速度如何，時間對所有人來說都是一樣的，像一個宇宙中統一的時鐘。

行為財務學在這方面也該負一定的責任。這套研究人類如何做財務決策的方法，其實與心理學的發展軌跡很像。心理學首先專注在病理學的研究上，最近才開始針對健康和整體性展開研究。一八五四年起，心理學被認定為一門正式學科，但直到一九九〇年代末期，研究傑出表現和個人成長、而非功能失調和墮落的「正向心理學」才誕生。同樣的，行為財務學也是從研究偏見和「非理性」開始，最近才轉為強調金融決策可以如何促進人類繁榮。

接下來談現實面。我們通常在設定目標時，是為了努力克服天生不擅長的事。舉例來說，如果我們需要減肥，可能會設定每天跑九公里的目標，即使我們不喜歡跑步。如果我們想存更多的錢，我們會制定一個苛刻的預算，強制剝奪許多我們喜愛的享受。不過，如果我告訴你有一種更好的方法，而且它還符合正向心理學和行為財務學概念呢？利用我們現有的興趣和優勢，不但更有可能持續朝著目標努力，同時還能在過程中找到樂趣。

心理學「享樂動機」（hedonic motivation）形容的就是這種情況，也被稱為「尋求愉悅動機」（pleasure-seeking motivation），它主張人類會自然養成為我們帶來快樂、滿足、甚至亢奮的習慣，同時避免造成不適或痛苦的行為。[73]例如，二〇〇三年的一項研究顯示，愈喜歡運動的人，堅持運動習慣的可能性就愈高。[74]追求健康和追求財富有很多相似之處。如果享樂動機對你堅持運動習慣有效，應該也能應用在個人財務習慣上。

讓我們來談談你的一些潛在財務優勢，雖然其中有些看起來和財務沒有明顯的關係：

- **擁有強大的社交網路**：如果你是社交達人，請特意去結交一位和你擁有相同價值觀的財務顧問。如果你退休了，請與年輕人分享理財經驗。
- **熱愛學習**：如果你喜歡閱讀和研究，請買幾本市場上最佳的個人理財書籍，仔細研讀（你能看到這句話，表示你在這方面已經擁有很好的開始）。
- **享受低成本活動的樂趣**：學會享受低成本活動的樂趣，可以助你發展儲蓄和投資的超能力。比如在歷史悠久的街區散步、純逛街不購物、健行、在家做飯——這些都是成本低廉且有益身心的活動。把省下來的錢來放進你的投資組合，同時將注意力集中在如何把錢花在值得的事情上。
- **重視你的雇主**：相較於節衣縮食，你該把目標放在透過工作升遷來增加收入。你也可以指導部門裡的千禧世代和Z世代晚輩，這對公司來說是一項很重要的附加價值。
- **注重細節**：運用你的敏銳眼光分析自己的預算、投資選擇，並檢討長期財務計畫，以便你能在當下和將來做出更好的決策。

- **具有延遲滿足的能力**：控制衝動需要紀律。如果你有這種天分，可以用它來提高你的儲蓄率，這樣就可以為未來進行更多投資。
- **熱愛旅行**：沒有什麼比花錢購買新體驗更能提升幸福感。如果你很嚮往環遊世界，你在享受美好生活的機會上就勝過他人一籌。給你一點小提示：在你為了退休努力存錢的同時，不妨每存下一元，就拿出一元投入你的旅行基金。
- **擁有創業精神**：開創副業當然有風險，但百萬富翁通常擁有多種收入來源，這並非巧合。尋找一個能讓你從小規模開始嘗試的副業，然後不斷調整，找到你所做的事情和市場需求之間的均衡點。
- **善於談判**：在各種財務狀況下為自己爭取權益，包括要求現在的公司加薪，或轉職到薪水更高、更好的企業。

發掘你的這些優勢沒想到能自然而然的改善財務狀況，不需要付出太多的努力或忍受痛苦，實在是非常美妙的一件事。有些甚至可以在過程中為你提供些許意外的樂趣。

剛開始理財時，請集思廣益，列出你所有的優勢、才能和天分，不要過濾或評斷自己的任何特質。接下來，確認你的財務生活中需要改進或成長的領域。最後，探索如何利用每項優勢，讓你更接近理想的理財目標，或讓你的理財習慣更貼近你真正的價值觀。

請記住你擁有的每一項優勢，無論表面上與個人財務多麼無關，都有可能成為你在理財上的一大助力。就像一個不討喜的兒童最後成為世界上最偉大的天才一樣，毫無疑問的，你的天賦也可以在你的理財之旅發揮充分的作用。

從失誤中重塑金錢關係

嘗試與犯錯是嚴厲的導師。我們可以讀到所有最好的技巧和最有效的致富方法，但對於易於犯錯的人們來說，真正的進步往往是透過不時犯錯、狼狽掙扎來達成。真正的實力來自於意識到自己的錯誤，並發現什麼行不通的新知繼續向前邁進。

大概沒有人比湯瑪斯・愛迪生（Thomas Edison）更適合代言這個真理。儘管這位傑出的發明家並非因為他極為富有才出名，而是他貫徹「失敗是最好的老師」的信念。這位出生在美國中西部、目光遠大的發明家，因為開發通訊、發電、電影等領域的突破性產品而聞名，其中以發明電燈泡最廣為人知。他取得超過一千項產品專利的過程，是由滿滿的失敗堆疊而成。

愛迪生的發明中，別號「愛迪生電池」的鎳鐵鹼性蓄電池從一開始就被視為重大失敗。為了提供電動車的動力，愛迪生投入無數時間和巨額資金發展電池項目，卻出現許多難以克服的技術問題。很不幸的，它完全無法跟上當時其他新興電池技術的腳步。

大眾最終認為該計畫失敗，但愛迪生卻抱持不同的心態。他沒有將這個概念扔進垃圾桶，而是將自己的努力視為學習和改進的機會。這位美國史上最偉大的發明家說過一句著名的玩笑話：「我沒有失敗一萬次，而是成功找到一萬種行不通的方法。」愛迪生欣然接受糟糕的現況，因為他始終相信，每次搞砸事情都會獲得寶貴的見解和知識，必然使他更接近成功。

在愛迪生電池受挫後，他將注意力轉向其他的突破性項目。艱辛的學習歷程讓他明白，電力領域還有更多尚待開發的空間。他接著發明白熾燈泡，推動現代社會進入新紀元。因此可以說，如果他在電池發明上沒有失敗，就不會出現燈泡的發展。

對愛迪生來說，失敗只是科學研究中的一段過程。他從失敗中學習、適應和堅持下去，這種能力造就他的創新。然而，從心理學的角度來看，令人感到痛苦的，是他會不斷聽到別人談論他的研究失敗，彷彿這些失敗等於他做人失敗。社會壓力可能會造成沉重負擔，有時我們必須對社會觀感具備相當程度的冷漠，才有辦法繼續奮勇前進。

從財務角度來看，我們可以從這個道理中得到很多啟發。愛迪生的聰明才智不僅展現在發明中，也展現在百折不撓的毅力上，從他無視否定者和不信任者的無畏精神中，亦能看出蛛絲馬跡。他的一生讓我們明白，如他自己所說：「生活中有許多失敗，都是因為人們在放棄時沒有意識到自

己離成功有多近。」

讓我們面對現實吧！你我都不是愛迪生，但在追求財富成功的過程中，卻能和他產生共鳴。投資難免遇上挫折，甚至可能遭受朋友和家人的諷刺批評。但我們不妨模仿愛迪生的心態去面對，將失敗視為理財過程中寶貴的教訓和有用的減速丘。

事實就是，本質上「失敗」並無好壞之分，而是我們的態度和心態決定它的好壞。二〇一九年美國西北大學（Northwestern University）的研究人員發表論文，分析一九八五年至二〇一五年間提交給美國國家衛生研究院（National Institutes of Health）的七十多萬份撥款申請，得到「失敗為成功的先決條件」的結論。他們同時檢視四十六年來投入新創公司的創業資金，也得到類似的結果；沒有經歷失望，就沒有成功。[75]

當研究團隊希望建立一套能可靠預測成功的模型時，他們發現，「每個贏家都是從當輸家開始的」。事實證明，最終成為贏家的科學家和風險投資家，他們與失敗後就放棄的人相比，失敗的次數其實差不多。

失敗並不是造成結果輸贏最大的關鍵！

脫穎而出的成功者有能力從錯誤裡學習，找出哪些方法有效、哪些無效，再從中進行調整。失敗者在事後檢討時通常一無所獲，成功者卻會有效進行微調，並採取行動。

結論是：失敗並非盲目重複相同的動作，而是以更聰明的方式經歷挫折，接受現實，然後進一步改善。愛迪生可以充分證明這種做法有效。

對於失敗，我們還知道什麼呢？

失敗是不可避免的，任何成功的想法幾乎都是從失敗開始。我們也知道，失敗本身並不值得令人欽佩，相反的，是因為我們處理失敗的方法、以及從失敗中學習的決心，才讓失敗變得有用。不幸的是，大腦往往會阻礙我們，導致我們無法從失敗中學到應有的教訓。

創造「面對失敗遊戲」（Facing Failure game）的學者蘿倫・埃斯克雷斯—溫克勒（Lauren Eskreis-Winkler）和阿耶萊特・菲什巴赫（Ayelet Fishbach）從她們的研究中得到一項結論：我們時常在錯誤和失敗中掙扎，想藉此成長，卻無法從錯誤中充分學習。[76]她們的實驗主軸是由連續幾輪的多選題組成的「面對失敗遊戲」，研究人員會提供前幾輪的回饋，幫助參與者在後幾輪中表現得更好。答對的問題愈多，參與者得到的錢愈多，藉此提供從錯誤中學習的經濟誘因。

然而，這個誘因卻造成人們偏離正軌。參賽者通常不會去弄清楚他們做錯什麼，以及為什麼，有時還對於反映實情的回饋系統視而不見。研究人員寫道：「即使參與者有機會獲得比參與報酬高出九〇〇%的學習獎金，他們從失敗中學到的，還是比從成功中學到的更少。」

這種被稱為「鴕鳥效應」（ostrich effect）的行為，指的是人們避開負面訊息的傾向（即使它有助於我們進步）；這點在其他研究中也經常出現。[77]它在投資者的行為上也表現得非常明顯。在熊市期間，人們會停止查看他們的投資組合，因為上面只會帶來壞消息；但在牛市時，卻會忍不住反覆計算自己的交易利得。

這項研究的結論能夠幫助我們對抗「戰或逃」的反應和其他情緒偏見。研究顯示，觀察他人的失敗，有助於我們自我矯正，得到更好的觀點，讓我們重新將失敗塑造成勵志的成長故事。確認成功，感受失望，並專注於長期目標，都是讓我們保持在正軌上，將失敗轉化為成長動力的祕訣。

我們可以將這些方法應用在理財上，因為就像寫補助計畫或風險投資，我們都知道，失誤和損失本來就是遊戲的一部分，我們對它們的發生早有心理準備。只要看股票市場的歷史就知道：根據班·卡爾森（Ben Carlson）整理的資料，自一九二八年以來，被譽為現有累積財富最佳工具的標準普爾五〇〇指數，在二六%的年份裡下跌二〇%，甚至更多。[78]短期來說，任何一個交易日的收盤鈴聲響起時，你在財經頻道的畫面看到下跌的機率約為四五%。試圖避開那些下跌的日子只會讓情況變得更糟，大約八〇%的當沖者撐不到兩年就會退出投資界。[79]

我希望你不要被失敗擊倒，你要這麼做：想像最近發生的一次財務失誤，或者某件一直在你腦海中糾纏的失誤。然後，套用下面這個架構去處理它：

- **承認**：認識並接受事情的發展偏離原本的計畫。
- **省思**：分析情況，了解哪裡出錯及其原因。不要害怕思考這些事情的負面後果。
- **尋求回饋**：從專家或可信賴的來源蒐集見解和建議。朋友和家人可以提供幫助，但要確保他們的指教有憑有據。
- **找出經驗教訓**：就像愛迪生一樣，學會從經驗中提取關鍵啟示。哪裡出問題？下次可以做些什麼以確保同樣情況不再發生？
- **進行調整**：科學方法可以發揮作用。弄清楚下次應該以什麼不同的方式處理。
- **採取行動**：運用學到的教訓，做出積極的選擇來改善財務狀況，並懂得欣賞失敗的本質。失敗其實是一塊極為有用的墊腳石。

與其因失敗而氣餒，不如採用更有系統的方法從每一次的財務失誤中學習，這麼做可以重塑你和金錢的關係，並讓財務狀況更上一層樓。

重點要記得。好。下課。

用習慣啟動致富循環

「唯有愛人才能體會上帝的福澤。」

維克多．雨果（Victor Hugo）的散文是最抒情、最深刻的經典文學作品之一。雨果因為《悲慘世界》和《鐘樓怪人》而舉世聞名，但沒有太多人知道，這位法國有史以來最偉大的作家其實也是一位業餘的行為主義者。正因為雨果恪守一系列的自律習慣，加上與生俱來的過人天賦，我們才能夠從他的文字中感受到人性的高低起伏。

雨果懷有遠大的抱負，但他也有一些如果不加以克制就會妨礙實現目標的壞習慣。和大多數人一樣，隨著截稿日期愈來愈近，雨果會以參與社交活動和處理瑣碎雜事為由來拖延，使他面臨錯過截稿日期的危機。為了克服這些過於「人性」的傾向，雨果想出一個有紀律的解決方法。但是你絕對猜不到，方法居然會和裸體有關。

作家羅賓．李費爾德（Robin Liefeld）這樣描寫：

在寫《鐘樓怪人》那段期間，雨果習慣將自己關在房間裡，然後在門上橫放一塊大木板，禁止任何人進入。他會脫下自己身上所有的衣服，交給助手把衣服藏起來。

雨果拿不到衣服，身上只圍一條大披風，所以他別無選擇，只能安靜下來獨自寫作。這麼做有助於集中注意力，消滅他任何停止寫作的誘惑。[80]

雨果的怪異習慣成就他闡述窮人困境、倡導社會正義的大量傑作。如果沒有他的自律，這些作品都不會問市。習慣的力量幫助雨果創作出一系列流傳千古的文學佳作，你想要讓你的金錢生活井然有序，先決條件便是理解自己的習慣，然後對它負責。

口頭上，我們使用「習慣」一詞指稱頻繁或慣有的行為，但在心理學中，它具有可以指引我們如何塑造和改善行為的特殊含義。對心理學家來說，習慣是一種因應情境提示而自動啟動的行為。如同查爾斯．杜希格（Charles Duhigg）在他優秀的《為什麼我們這樣生活，那樣工作？》（*The Power of Habit*）一書中所描述，形成習慣的模型可分為四個階段：

1. **提示**：告訴大腦可進入自動模式的觸發點。例如，坐進汽車後，大腦可能會提示你繫好安全帶。
2. **渴望**：執行習慣的衝動。以繫安全帶為例，渴望就是在你繫好安全帶前所感覺到的輕微不安。
3. **回應**：指行為本身。即為前述的繫好安全帶。
4. **回饋**：從執行習慣獲得的滿足感。回饋可以是物質上的，例如：品嘗甜甜圈的味道。也可以是情感上的，例如：不必擔心飛出擋風玻璃所得到的舒適感。

數十年來，大量的心理學研究顯示，只要在一致的環境下重複一個簡單的動作，就會啟動聯想學習。也就是說，在特定的環境提示下，行為便會內化成習慣。想一想，你上完廁所為什麼會洗手？道理是一樣的。

在〈讓健康成為習慣：「習慣形成」心理學和一般實踐〉（Making health habitual: The psychology of 'habit-formation' and general practice）論文中，作者們提到「習慣記憶」的研究，也就是我們大腦會不斷試錯的概念。[81]根據醫學研究，一旦我們在心理上決定完成任務的方法，通常就會堅持採用。不過，如果改變設定，人類的表現可能會因此崩潰。[82]

研究人員還引用第二份證據，顯示我們的行為模式其實是由一連串的條件所形成，像是被獎勵的經驗、引起動機和被激起反應的事件等，這些會從外界刺激持續影響到我們做出反應，而且通常是反覆且一直出現的模式。[83]

第三，有一項實驗邀請九十六名志願者，要求他們在十二週內、相同的環境下每天執行一項行為。參與者讓這項行為變成幾乎自然而然的習慣所需的時間差異很大，少至十八天，多至兩百五十四天，顯然在形成習慣方面，並非人人生而平等。有些條理分明的人可能很快就能建立一致的流程；有些人則需要重複很多次，才能得到相同的結果。[84]

研究顯示，重複的習慣能讓人更健康。二〇一二年的一項研究報告指稱，簡單的建議可以將非常規的健康行為轉為持久的習慣。許多醫療保健人員在提供改變行為的建議時會猶豫不決，要看到成效可能非常耗時，但如果使用自動提示，簡短的建議就可以讓我們偏愛重複動作的大腦完成繁重的工作。[85]

如果在醫療保健上可以有效運用這個方法，又有什麼理由不能將它應用在理財上？我們使用這種方法，就不需再面對處理金錢相關事務時的困難決定。透過習慣的力量，原本需要深思熟慮、費盡心思的儲蓄和投資，現在全部變成自動化行為。

習慣的美妙之處在於，即使個人主觀的動機消失，習慣仍然會持續下去。習慣可以為大腦提供喘息的機會，因為將常規行為變成自動化，就可以釋放部分心智資源來完成其他任務。[86]大腦只占人類體重的二%，卻消耗二〇%的身體能量，所以我們會在無意識的情況下不斷尋找讓大腦休息的機會。[87]

人們浪費許多精力，試圖在個人理財領域培養正確的動機和態度，卻不知最重要的關鍵是行為本身。態度會改變，動機會減弱，但習慣卻是持久的。不僅重複的行動會自我強化，隨著明智決策所累積的財富，帶來的回饋也會進一步讓習慣更深化。也就是說，好的選擇帶來好的財務結果，如此生生不息，周而復始。

重新檢視形成習慣的模型。讓我們創造一個簡單的架構，來培養新的理財習慣：

- **第一步　確認習慣**：假設某人已經為她的退休帳戶提撥法規所允許的最高金額，但她還是希望每個月能多存一點錢，不妨定下每月存兩百五十美元的目標，方便衡量且非常具體。
- **第二步　設定提示**：我們需要在生活中找出與她的目標相對應的固定提示。例如，《持續買進：資料科學家的投資終極解答，存錢及致富的實證方法》（*Just Keep Buying*）作者尼克・馬朱利（Nick Maggiulli）為自己定下規則，每次他花費一大筆錢時，就必須存下等量金額。如果他要買一雙三百美元的鞋子，就必須先存三百美元。受到尼克的啟發，某人因此決定，每次外出用餐時她都會將和餐費相等的金額存入投資帳戶。因此，外出用餐就成為儲蓄的提示。

- **第三步　設計例行流程**：例行流程必須盡可能簡單且及時，才能提高持之以恆的可能性。某人透過操作自如的投資應用程式簡化流程，強迫自己在晚餐結帳前將儲蓄金額存入戶頭。這個流程確保簡單且及時的例行動作，同時還內建責任感。畢竟，如果你沒付錢，餐廳是不會放你離開的！
- **第四步　創造回饋**：這個新的習慣養成流程很聰明，因為它本身內建獎勵機制。外出用餐可以讓你享受美味的食物、水槽裡不會留下待洗的盤子，還能和朋友建立聯繫。儲蓄和投資產生的正面情緒，則是錦上添花。有些習慣的建立過程可能令人不太滿足，需要額外定期的獎勵來輔助，例如：對自己說一些「可以為自己的未來著想，真令我驕傲！」之類的自我肯定，或在達成特定里程碑時提供更具針對性的獎勵。你也可以結合上述兩種方式來試試看。關鍵是要讓這種習慣得到足夠的報酬，使其內化為第二天性。

現在，讓我們玩點數字的魔法。根據美國勞工統計局的數據，美國人平均每週外出用餐超過五次，每年的外食開支為三千五百美元。[88]想像一下，如果某人從大學畢業開始，到六十五歲退休為止，將每次用餐的同等金額儲蓄下來，並進行投資。依照標準普爾五〇〇指數的歷史報酬率，到她退休時，每年省下的三千五百美元將膨脹至兩百多萬美元。

這個例子或許有些極端，但我們希望你看懂它背後的實際原理。

重要的是，我們必須意識到：①如果你還沒開始賺錢、儲蓄和投資，那麼賺錢、儲蓄和投資可能會是一項挑戰；②一旦開始，就很容易上癮，很難停下來。無論我們談論的是強迫自己寫書的怪異手段，還是謹慎理財這種比較呆板的事，我們都該記得，只要持之以恆的進行一些小動作，形成習慣之後，將會為你帶來難以想像的成長。

投資的基本原則：擁抱不確定性

美國著名的恐怖小說家霍華德・菲利普斯・洛夫克拉夫特（H. P. Lovecraft）在一九二七年的文章中寫道：「人類最古老、最強烈的情緒是恐懼；而最古老、最強烈的恐懼是對未知的恐懼。」美國歷史上著名的「塞勒姆女巫審判」（Salem Witch Trials）就像洛夫克拉夫特筆下的恐怖故事，成為這個真理的最佳例證。

不確定性會讓我們不惜一切代價去尋求確定性，即使我們採取錯誤的行動也在所不惜。想想執行女巫審判的時代。十七世紀末，塞勒姆的移民者全都來自一個團結緊密的清教徒社區，他們面對艱苦的生活條件、美洲原住民部落的威脅，以及與鄰近社區的持續衝突，對宗教信仰異常虔誠，極為重視、維護與上帝立約的觀念，甚至有道德上的潔癖。清教徒的信仰，加上嚴格的社會階級制度，只要是任何偏離社會規範的人都會引發他們的懷疑。

由於不明原因的疾病和一些村民的怪異行為，很快引爆大規模群眾的歇斯底里。對於施術者的指控大多只是道聽塗說，然而，卻很快的將他們送上審判台，審理過程也十分粗糙，有時甚至以靈異現象和證人的夢境當作證詞，使得要證明一個人的清白幾乎不可能。最終，只要被指控是女巫的人不是面臨社會性死亡，就是被處死。懷疑的大火在塞勒姆四處肆虐。

居民為了確定「誰是女巫」，有二十個人被處決。隨著愈來愈多人被指控施行巫術，情況變得有點像社交媒體上常見的一張迷因：好幾位真假蜘蛛人互指對方，某個人指控另一個人的同時，也被他人指控。局勢惡化到連鎮上有影響力的人也遭到指控，麻州殖民政府終於出手介入，平息當地的集體瘋狂。

塞勒姆女巫審判事件顯示人類有多麼厭惡不確定性，以致不得不用任何抓得到的東西來填塞。為了擺脫不確定性，甚至不管破壞力有多大。這種對於謎團的強烈厭惡不只存在於歷史事件，更導致許多精神疾病，包括恐慌症、廣泛焦慮症和憂鬱症。二〇一五年的一項研究發現，不確定性經常導致病人罹患廣泛性焦慮症（Generalized Anxiety Disorder）。[89]有些研究人員甚至認為，人們對不確定性的厭惡是恐懼的根源。因此要維持健康的心態，必要條件是包容不確定性。[90]

我們非常討厭不確定性，甚至比壞消息本身還不願意面對。有些經歷健康危機的人都覺得，他們最焦慮的顛峰不是在收到生命轉捩點、如癌症之類的確認報告的時候，而是在等待切片檢查的結果。診斷出癌症固然令人感到痛苦，但至少清楚下一步的方向該如何走。湯姆・佩蒂（Tom Petty）的歌詞說得對：「等待（和未知）真的是最難的部分。」

由於不確定性是許多精神痛苦的根源，也是從交通擁堵到醫療恐慌等各種情況中的惱人因素，它會影響我們做出財務決策也就不足為奇。

根據《行為治療》（*Behavior Therapy*）期刊在二〇二一年的研究，高度焦慮的人願意付出代價以降低不確定性。在這項分析中，投注者可以選擇接受相對不利的賠率和較低的金錢報酬，以換取縮短等待投注結果揭曉的時間。結果顯示，愈無法容忍不確定性的參與者，愈有可能選擇立即得知結果，並且接受隨之而來的經濟損失。[91]

在金融市場中，不確定性使得投資者在動盪時期傾向逃往既安全又確定的現金。二〇〇八年金融危機就是最好的例子。根據美國投資公司協會（Investment Company Institute）的數據，推算二〇〇六年底投資者的現金配置還不到二五％，到了二〇〇九年初股市觸底時，卻已飆升至將近五〇％。投資者拋售股票，持有現金，導致股市進一步下跌，其中有一定程度的連動關係，一旦股市開始波動，往往會出現一連串的避險行為。隨著標準普爾五〇〇指數復甦，這些現金又逐漸被重新配置到高風險的資產上。[92]資料顯示，人們傾向選擇確定性高的現金，即使這麼做日後會導致悲慘的後果。

那麼，你會怎麼做呢？

請將所有的可控因素掌握在自己手裡。**你可以定期將錢存入退休帳戶，盡量降低投資費用，資產配置多元化，並且投資自己**。聘請財務顧問通常也相當值得，因為財務顧問可以引導你度過市場的波動時期，發現你在人生各個階段財務計畫中的盲點（在此提問，你有自己的財務計畫嗎？）。

你可以掌握你的行為，但是你無法控制政治、市場報酬、自然災害和其他未知因素。擔心這些變數只是徒勞無功。

另一個簡單的致勝之道是拉長你的投資時間。正如財經作家班・卡爾森指出，若以單一年份來看，標準普爾五〇〇指數可能在負四四％至五三％之間。如果你將時間拉長到十年，平均年報酬率則在負二％至二〇％之間。拉長至三十年，情況就變得更無聊（但對於堅持到底的人來說，反而很美好），平均年報酬率只有小幅波動，介於八％至一四％之間。[93]最後，雖然標準普爾五〇〇指數在任何交易時段都有可能上漲或下跌，但是從一九二六年到二〇二二年之間，從未出現過持有二十年的總收益為負數的情況。

你也必須知道自己該期待什麼。正如金融思想家摩根・豪瑟（Morgan Housel）描述，市場波動有如球賽門票，或者說是進入投資競技場的入場券。熊市、盤整和長期波動都是投資的一部分。**你必須了解這些波動是市場週期的正常現象，這樣做有助於減輕意外帶來的刺痛感。**

自一九四六年以來，標準普爾五〇〇指數曾經有八十四次下跌五%至一〇%、二十九次市場修正（下跌一〇%至二〇%）。出現過九次標準熊市（下跌二〇%至四〇%），還出現過三次超過四〇%的嚴重崩盤。[94]你身為一個投資者，假設投資四十年，應該至少預期自己會遇上四十次超過五%至一〇%的跌幅（幾乎是每年一次！）、十五次一〇%至二〇%的跌幅，還有五個標準熊市（下跌二〇%至四〇%）以及一、兩次看似世界末日的嚴重崩盤。

即便如此，標準普爾五〇〇指數的長期報酬率仍然高於現金、黃金、公司債券、國庫債券和房地產。結論是，明確知道可預期的不確定性，就能消除層出不窮的意外所帶來的衝擊，讓你繼續安心待在投資的遊戲場內。

最後一點，好好照顧自己。在面對不確定性時，更該好好投資在心理和情緒健康的照護上。冥想、自我照顧和壓力管理有助於保持平衡的心態，並且能讓你在動盪時期做出更好的決定。請務必建立和培養人際關係的支援網路，並在需要時尋求專業建議。每年不需要經常檢查你帳的戶餘額次數。最後，遠離市場新聞（雜訊），也有助於你的整體幸福感和財務韌性（financial resilience）。

掌握駕馭不確定性的能力，是享受充實生活、取得財務成功的核心關鍵。生活本來就充滿不確定，如果我們無法駕馭不確定性，我們將錯失寶貴的經驗，也錯失能讓財富倍增的風險機會。身為投資者，學會和混亂、不可預測性共存，不僅可以帶來個人成長，還能得到長期的財務報酬。我們應該像是沉浸在引人入勝的書籍、或因電影的曲折情節感到震撼，抱持這樣的心態看待市場的不可預測性，歡迎它，擁抱它，不應該害怕。

創造一個不需過度使用意志力的環境

羅爾德．阿蒙森（Roald Amundsen）和他的專業探險小隊在一九一一年開始一項大膽的任務，他們想成為抵達南極點的第一組人。儘管裝備不如羅伯特．法爾肯．史考特上尉（Captain Robert Falcon Scott）所率領、規模更大的探險隊，但阿蒙森和他的隊員還是完成這項非凡的創舉，並且安全回到家鄉。

這群看似準備不夠充分的人，究竟是如何達成目標的呢？人們自然而然的會將他們的成功歸因於某些崇高的個人特質，像是意志力或決心之類的。但聽起來沒那麼波瀾壯闊的真相是，擁有結構良好的流程，將風險降至最低，針對不確定性加以調整，才是決定成敗與生死的真正關鍵。

在探險隊出發之前，阿蒙森根據他在北極的經驗，以及他向北極圈內原住民因紐特人（Inuit）學到的生存技巧，加上對極地條件的研究，為這次危險的任務做出詳盡的計畫。相較之下，史考特的「新地探險隊」（Terra Nova Expedition）缺乏同等的戰略方法和經驗。除此之外，阿蒙森選擇隊友的標準是他們的技能和專業知識；史考特的小隊卻大多數是他的朋友和熟人。

在阿蒙森的團隊中，雪橇犬發揮關鍵作用，正因牠們能夠適應惡劣的南極天候，探險隊才得以更快的速度穿越險惡的地形。阿蒙森為此也做足功課，他甚至研究許多不同品種的狗，選出最合適的品種來幫助他的隊員達成目標。相對的，史考特卻選擇小馬，雖然小馬看起來比較壯觀，但天生卻不適應極度寒冷的氣候。

歷史上最偉大的探險家和各路先鋒都有一個特點：他們擁有準確衡量狀況，做出必要的改變的能力。在關鍵時刻，阿蒙森將自己的位置移至雪橇隊的後方，以評估隊員表現且解決問題，又不會拖慢雪橇隊的速度。他不排斥改變路線，甚至可以隨時調整自己的心態。在聽到英國人也即將展開自己的南極任務後，他原本以科學家身分的規劃南極探險，現在變成競爭者，這樣的心態調整讓他能夠減少干擾，一心奔向目的地。

儘管如此，他仍然精打細算的追求效率，節約資源。阿蒙森提前確認每天需要的食物和燃料，甚至在整個旅程中不辭辛勞的設置補給站，不讓任何重要事項受制於運氣。[95]與此同時，史考特卻在資源管理方面苦苦掙扎，導致他的團隊在回程時出現嚴重的物資短缺。

相較之下，阿蒙森的事前準備、嚴謹流程、適應力、執行力和風險管理，帶領他和他的小隊在一九一一年十二月十四日抵達南極點，並安全返回。一個多月後，也就是一九一二年一月十七日，史考特和他的團隊也同樣興高采烈的抵達南極；不過，在回程中，史考特所帶領的五人小組最後因為惡劣的天候條件和補給不足，筋疲力竭的全部喪生。

兩個人都很努力，也都一心渴望成功，卻只有一個人擁有正確的方法。在財務方面，人與人之間其實都一樣，我們都在追求同一個結果，我們都想要富裕，卻很少人知道該如何組織正確的架構。大多數人只是埋頭努力想做正確的事。問題是，人類的意志力其實是有限的。我們只能走這麼遠，無法再更進一步。

暢銷書《原子習慣》的作者詹姆斯．克利爾（James Clear）再三強調一個關鍵真理：「決定你成功或失敗的，不是你的目標，而是你的系統。」

這一點在我們的理財上表現得非常明顯。雖然我們在生活其他領域的目標可能有所不同，但我們對金錢的渴望卻幾乎相同，也就是想要更多的錢。我們都希望金錢能為我們帶來幸福。

如果我們的目標如此一致，為什麼每個人得到的結果卻大不相同？

這個問題當然有很多層面。其中很大一部分，我們必須承認，談到金錢時，光是「想要」和「下定決心」，跟實際達成目標之間並沒有我們以為的那麼直接。我們需要的是適合的系統。

並不是說意志力不重要。事實上，自制力是一種很好的特質。二〇一二年針對超過三萬兩千名參與者進行的綜合分析發現，自制力較強的人生活更快樂，在學校表現更好，擁有更融洽的人際關係，並且身體更健康。[96]擁有六塊腹肌和更充實的內在固然很好，問題在於，意志力並不如你想像中的可靠。

我們又能怎麼做呢？

為了讓意志力撐更久，行為科學提供兩種關鍵方法：①改善系統，盡量減少對自制力的需求；②改變我們對於意志力的理解。二〇一一年，德國一項針對兩百零五人的研究進行為期一週的追蹤。每個參與者都配備一台會隨機詢問他們關於欲望、誘惑和自我控制問題的黑莓呼叫機（嗯，的確是有點過時）。研究目的是探討生活中各種欲望的頻率、強度和衝突，以及參與者如何運用自制力來抵抗欲望（如果有的話）。結果十分驚人。聲稱善於掌控自己欲望的人，報告他們受到誘惑的次數較少。[97]後來的研究也支持這些發現。這些研究可能會讓你得出一個結論：較強的意志力帶來較好的結果；然而，其中還有別的因素。

二〇一七年，一項調查兩千多名參與者的研究發現，自制力高的人之所以擁有這樣的能力，主要是因為他們有良好的習慣。這些人持續實踐我們經常希望靠意志力維持的行為，例如：每日運動、健康的飲食習慣、定期閱讀，以及睡個好覺等。[98]表現出強大自制力的人通常過著有條不紊的生活，在面對誘惑時盡量減少做決定。所以，不是意志堅強就能帶來較好的結果，關鍵在於擁有一套可靠的系統。

讓我們實際一點。

我們要如何改善生活、減少失敗的機會，卻仍然保有自我，不會變成思想僵化的機器人？學術論文〈超越意志力：減少自我控制失敗的策略〉（Beyond Willpower: Strategies for Reducing Failures of Self-Control）的作者們，簡單描述可以幫助我們擺脫過度依賴意志力的特定習慣和策略：

- **以承諾為工具**：心理學家羅伯特・席爾迪尼（Robert Cialdini）在很久以前指出，人類有一種與承諾保持一致的自然傾向：如果你承諾與朋友一起跑步，你出現在約定地點的可能性，會比自己一個人跑的時候大很多。應用在理財上，與財務顧問合作的最大好處之一，就是你會對他承諾，可以將自己的財務狀況整理得井然有序。
- **與誘惑綁定**：將你想做的事情、與你可能不喜歡或一直拖延的事情綁在一起。例如：你承諾要和另一半進城好好享受一晚，前提是你們必須先完成遺囑或信託相關事宜。
- **消除誘惑**：避免考驗意志力最明智的方法之一，是一開始就不要讓自己處於危險之中。例如，酗酒者不應該去酒吧，節食者不應該在屋裡放餅乾。試圖在長期投資中保持紀律的人，則不應該每天查看他們的投資組合。

- **喘口氣**：休息和保持距離可以增強你的自制力。休息之後，人們通常更能遵守例行公事或程序，像是照顧幼兒和洗手之類的。[99]金錢一直是人們的壓力來源之首，因此撥出特定時間來討論財務問題，避免它成為永遠的煩惱，並沒有什麼可恥的。
- **心理對比**：如果每個月將薪水的兩成存起來，並且合理投資，堅持下去，你的未來會變成什麼樣子？仔細想像一下，考慮這樣的行動會為你帶來什麼機會。再想像一下，如果你沒有做上述這些事，你的未來又會有多大的不同？

對抗意志力薄弱的第一步，是創造一個不需要過度使用意志力的環境。然而，再仔細的設計也無法完全消除自我控制的需要。更重要的是，當我們需要使用意志力時，行為科學對於如何更好的使用意志力，以及如何將意志力概念化，也有它的獨到見解。

傳統上，意志力被視為一種有限資源，就像電池一樣會耗盡。不過，最近的研究挑戰長久以來的觀點，我們看待意志力的方式會顯著影響我們有效運用意志力的能力。人類可以分成兩個群體：擁有固定心態的人和成長心態的人。前一類人的意志力會因為誘惑的累積而日漸疲憊，也因為能量不斷被消耗而產生空虛感，就像是在辦公室忙碌一天後心裡的那種感覺。後者的意志力在面對誘惑和困難時卻會變得更加堅韌。想想「A 型人格」*的領導者和運動員，他們幾乎都擁有成長心態，在成功的路上遇到障礙時，似乎只會變得更有勇氣。

有個十分有趣的案例研究，是將此概念應用在被評估為擁有成長心態的學生身上，與擁有固定心態的同齡生相比，他們在大考前浪費的時間更少，獲得的成績更好。這些學生的自制力也展現在其他方面上，例如：避免去快餐店和避免衝動購物。相信自己的意志力在經過大考後就會耗盡、抱持固定心態的學生，在艱難的考試結束後，更有可能放縱自己沉迷於上述惡習。[100]

談到金錢，每個人的目標大致一樣。我們希望享受自己賺來的一切，同時逐漸累積足夠的財富，好讓我們能在未來過上壓力更小、更快樂的生活。實現目標必須雙管齊下，和你心裡多想要實現目標其實沒有太大的關係。就像勇敢的南極探險家一樣，你的旅程能否成功，最重要的在於你建立的系統是否有效，以及你看待意志力時的成長心態。

---

*譯注：性格行為學理論將人分為A型和B型性格。A型人格的特質為積極進取、講究時效、過度競爭、缺乏耐心。

無法擊敗你的，讓你更富有

納爾遜．曼德拉（Nelson Mandela）的故事是最能激勵人心的經典傳奇之一。數十年的創傷和煎熬塑造他的人格，展現他的堅韌、改革和領導才能。他承受痛苦和牢獄之災，這些嚴峻考驗造就他風度翩翩的性格。

在成為南非第一位黑人總統之前，曼德拉是一位著名的反種族隔離活動人士。由於大膽的政治立場，他在監獄中度過將近三十年。面對隔離、體力勞動和惡劣的生活條件，若非他的意志堅定，很容易會對政治抗爭和廣大民眾失去希望。

然而，曼德拉卻選擇不同的方法去面對挫折。他利用獄中時間自我學習，並與獄友進行政治討論。在他心中，利他主義和對正義的追求不斷滋長。他在後來的自傳《漫漫自由路》（*Long Walk To Freedom*）中這樣描述：「我意識到他們可以奪走我的一切，但拿不走我的思想和靈魂。他們無法奪走這些。我仍然可以掌控這兩樣東西。我決定絕不放棄它們。」

這些抗爭活動和心態加強他追求正義的堅定決心。他最終走出監獄，成為人人眼中堅韌和寬恕的象徵。在一九九〇年獲釋後，他繼續致力於團結與平等的使命。曼德拉說：「我夢想一個能和平相處的非洲。」在這個哲學基礎上他扮演重要角色，幫助南非走過轉向民主的過渡時期，在全球舞台上贏得所有人的尊敬。一九九四年他成為南非總統，建立一個沒有種族隔離的團結南非。

各種逆境影響曼德拉的個人成長，不管是他的私生活，或是他的政治生涯。監獄生活點燃他的毅力以及對人權的承諾。他目睹種族隔離、無處不在的歧視行為、種族隔離政權所強加的壓迫，但他以同理心與和解的曙光照亮人性的陰暗面。他同時教育南非人民寬恕過去，不再暴力相對。他體恤各階層民眾的生活不易，改善民生，贏得國際間的推崇。逆境也影響他的領導風格，在二十七年的牢獄生涯中，他不時與受刑人討論政治，磨練自己的戰略思考能力，將心中民主南非的願景刻劃得更清晰。他看出種族隔離制度對國家的傷害，強調包容性對於國家團結非常重要。他善於理解別人、尋找共同點的特質，正是歷經多年的政治磨難才形成的。

然而，是什麼讓曼德拉能懷抱更美好世界的持久願景，成為一位風度翩翩的卓越領導者呢？讓我們利用幾個心理學上的架構來分析這個案例。

我想介紹認知行為療法中的「ABC理論」。如果你願意，它將改變你的生活，不管是在財務

上或其他方面。臨床心理學家亞伯特・艾利斯博士（Albert Ellis）發展這個架構，幫助人們挑戰非理性思想和認知扭曲。名稱是來自它的三個組成部分：

- A. **逆境**（Adversity）或觸發事件。
- B. **面對事件的信念**（Beliefs），包括對於情況、自己和他人表面上和私底下的想法。
- C. **後果**（Consequences），包括你的行為和情緒反應。

我們經常認為，發生在我們身上的事會深深影響我們的生活，但ＡＢＣ理論卻提出另一種更有力的觀點。我們並非只是被生活中的風暴拋來拋去、逆來順受的一塊沉默海綿。ＡＢＣ理論表明，我們遇到事情的反應和處理方式，至少與事件本身同樣重要。我的職涯偶像維克多・弗蘭克爾說得很好：「當事情發生時，我們有一段思考的空間，可以選擇怎麼回應。正是我們選擇如何反應，決定我們能否成長與得到自由。」

談到金錢問題，**你如何處理金錢關係裡受到的創傷？**

事實上，財務困境其實非常普遍，甚至在地球上最富裕的一些國家也是如此。美國最近的壓力研究顯示，六五％的美國人因金錢而感到壓力，是近十年來的新高。[101]更令人不安的是，心理學家哥倫．貝克瓦特（Galen Buckwalter）博士表示，二三％的成年人和三六％的千禧世代歷經嚴重的財務壓力，甚至到可被診斷為「創傷後壓力症候群」（PTSD）的程度。[102]

我先說清楚，我沒有要歌頌苦難的意思，也沒有因為經濟壓力和痛苦如此普遍而幸災樂禍。有些傷害無論是否與金錢有關，都是如此深刻且直接，必須結合專業協助，讓自己遠離痛苦的源頭，才能加以治療。我是心理學博士，深信治療和專業協助的力量。我也相信弗蘭克爾的話：「換個角度來看，當痛苦找到意義的那一刻，它就不再是痛苦。」一旦你確認自己為什麼對自己的財務狀況或特定的財務狀況感到恐懼，你就更有機會認清它的深層意義。這是克服逆境的必要步驟，也是真正實現個人成長的關鍵。

我們不妨從弗蘭克爾、曼德拉和ABC理論中汲取靈感，深入探討「創傷後成長」（post-traumatic growth）的概念。它指的是發生具挑戰性的事件後可能出現的心理變化，通常是好的改變，例如：個人成長、適應力增強，以及生活各層面的正向轉變等。雖然在我們提到「創傷」時，想到的可能是痛苦和焦慮，但創傷後成長卻建議我們可以在「我無法應付」的時期就提前找到意義。

曼德拉的例子告訴我們，奮力度過嚴峻時期，才能有進一步發展，並在人生逆境中發掘更深層的目標。雖然每個人的創傷後成長經驗可能不同，但以下是人們在歷經逆境後常見的成長方式：

- **開發新的可能**：創傷改變你的自我認知和世界觀。創傷後成長為你打開新的大門，讓你看見自己從未曾想過的可能性，走上不同的人生道路。
- **重新啟發力量**：曼德拉在遭受迫害後，勇敢面對社會挑戰。在創傷後成長的案例中，很常見到這種人性的堅韌。你可能會找到應對困難的新方法，並獲得更大的內在力量來面對未來的逆境。
- **加深原有關係**：創傷使人際關係更加緊密。你可能會在人生的某些階段意識到「我真的做不到」，並且依賴所愛之人，感激他們的存在。這是建立更有意義、更充實的人際關係的巨大動力。
- **促進心靈成長**：逆境促使人們謙卑，重新思考最深層的信念和價值觀。創傷後成長通常會激發人們對人生目標的思考。就像弗蘭克爾深究人類探索意義的過程，你很可能會因此蛻變、成熟。
- **發掘生活樂趣**：創傷後成長也能讓你更懂得欣賞小事。不僅在生活中發掘更多歡樂和感激，也會以更樂觀的態度看待一切，進而提升生活滿意度。

親愛的讀者，我希望你的生活過得安逸舒適，上天永遠賜予你滿滿的祝福。但是如果你和大多數人一樣，發現財務運氣有時並不那麼友善，你要知道，困難可以為你帶來新的經驗和視角。如果沒有經歷這些，就沒有機會開發自己潛藏的深層能力。

當你回想起財務最困難的時期時，請問自己：

- 我從這段經歷中學到什麼，可以改善現在財務生活得到的教訓？
- 經歷這一切後，我對自己的力量產生什麼新的認識或理解？
- 因為發生這次困難，我如何調整我的優先事項，以便維持初心？
- 我是否因此活得更有急迫感？

人生好難，甚至可以稱得上是殘酷的。但正如曼德拉、弗蘭克爾和無數其他人向我們所展示，正是因為那些糟糕至極、甚至持續數年或數十年的時刻，才得以發生令人難以置信的成長。你會帶領一大群人走向自由，或是啟發數百萬人如何掌握生命的意義嗎？可能不會，但未來的事有誰知道呢？

當然，你可以放心，即使在苦難中，即使是緊急關頭，你依舊可以自由選擇態度和目標。正是在挑戰的熔爐中，我們才會被推到舒適圈之外，被迫面對限制，激發我們尚未開發的潛力。

良好的財務計畫要能「成長」

當有人命令你不要做某件事時，會發生什麼事？如果你像我一樣，聽到之後應該會更想嘗試吧？無論是叫小孩不要去摸還很燙的爐子、叫青少年不要邊念書邊談戀愛，或者叫減肥的人不要吃餅乾。當我們知道我們不能擁有一樣東西，反而會讓我們更渴望它。

我在國中時，因為身邊的成年人警告我不要讀《麥田捕手》（*The Catcher in the Rye*），所以我特地去找這本書來讀。《麥田捕手》的名聲備受爭議，甚至在某些圈子中被列為禁書，還被指稱導致數起槍擊案，這反而引起我的興趣。

當時的我是個頭髮蓬鬆、喜歡穿粉色馬球衫的小胖子，奢望書中的兇惡氣氛也許可以讓我增加一點男子氣概。多年之後，我不再有這樣的幻想，但現在的我對於這本書其中一個心理動機，也就是心理學家稱為「歷史終結的幻覺」（the end of history illusion）的傾向，有了更進一步的理解。

小說的主角霍爾頓．考菲爾德（Holden Caulfield）是個青少年，他和一些我在同齡時也感到很困擾的生活挑戰奮鬥。在成年的過程中，他一直努力確立一個有自信的身分，他發現自己渴望過去，懷念逝去的歲月，並在青春期尋找人生意義。他的觀點正是「歷史終結的幻覺」的典型例子。在他看來，自己已經完全成形，未來幾乎不會再有任何成長，也不會有任何催化劑可以帶來更新的、不同的自我意識。他相信，生命中大部分重要的時刻都已經出現而且過去，他發現自己與現實脫節，對未來也不抱希望。

歷史終結的幻覺是一種認知偏差。在這種幻覺中，人們會以負面態度，認為目前的自己已經定型，以為自己的個人發展與成長空間正在減弱，導致錯失自我提升的機會。

在書中，考菲爾德一心惦記童年回憶，像是童年的單純、真實和無拘無束的關係。展望未來，他感到焦慮和擔憂，因為他認為世界上到處都是不誠實的人，而且充滿虛偽。這種不舒服的內在狀態和外在觀點使他退縮，抗拒著成為大人後必然面臨的成熟。

然而，隨著故事展開，考菲爾德經歷一些事情，讓他開始自我反省，挑戰他局限自己的信念。一路上，他遇到各式各樣的人，努力解決內心的問題。考菲爾德漸漸意識到，個人成長並非青春期時一蹴可幾的事，改變一直在發生，我們應該擁抱這些改變。

《麥田捕手》提醒讀者，人生是不斷變化和發展的旅程。我們時常在不知不覺中學習新的事物、獲得難忘的經驗、影響周遭的人。將自己視為停滯不前的人，不僅會傷害當下的自己，也會傷害未來數年、甚至數十年的自己。

最近，我翻出在菲律賓的教會服務兩年時寫下的舊日記，發現我在自己的生命中見證這個概念。當我重溫自己當時的想法和感受時，明顯感到內心充滿畏懼。我為自己的不成熟感到羞愧，也感嘆自己缺乏遠見。我很快把這些滿是灰塵的日記本重新放回架子，心想：「謝天謝地，我再也不是那樣的人。」

霍爾頓・考菲爾德與財務計畫又有什麼關係？

嗯，你和考菲爾德一樣，很容易認為你最好的日子已經過去，你已經完成所有長大必經的步驟。簡言之，你相信今天的你就是未來的你。

但是，這種態度終將帶來失望。歷史終結的幻覺摒棄一個非常真實（而且非常正面！）的事實，那就是你會持續演化、成熟。然而，你卻因為認知偏差，導致做出一成不變的財務決策，然後在人生的崎嶇道路上看著這些決定逐漸崩塌。

歷史終結的幻覺告訴我們，我們可以閱讀二十年前的日記，並輕鬆的感嘆自己與日記中的人已經大不相同，但它卻無法讓我們看清一個不可否認的事實：從現在算起的二十年後，我們也會和今日的我們完全不同。我們必須在財務上做好「事前準備」與「彈性應變」的平衡，了解自己需要一個計畫來引導方向，這個計畫同時要能適應個人成長和變化。

阿爾弗雷德・科柯日布斯基（Alfred Korzybski）說得好：「地圖不等於實際的疆域。」這位哲學家兼科學家的名言點出人們常將模型與現實混為一談，因為太過相信「地圖」而陷入危險。這句話提醒我們，自己的思維模式往往過於狹隘，可能無法涵蓋現在和未來的豐富可能性和細微差異。雖然普遍性的原則和防範對我們可能有幫助，但也要保持一定程度的彈性，甚至是創造力。

我們經常在財務規畫中看到上述陷阱。以下幾個理財原則經常被人們誤認為鐵律，但其實是可以彈性調整的：

- **四%規則**：也被稱為退休時的「安全提取率」（Safe Withdrawal Rate），這條經驗法則表示，退休人員每年可以提取其投資組合的四%，就不會出現在三十年內耗盡儲蓄的重大風險。雖然研究表明此規則可行，但嚴格遵循四%規則，可能會因個人情況生變和市場因素而引發財務風險。
- **一〇%的股票年報酬率規則**：根據紐約大學史登商學院的數據，從一九二八年到二〇二二年，標準普爾五〇〇指數的複合年增長率為九．七%。[103]長期平均值固然有參考價值，但不應該成為未來的假設。更重要的是，每年的報酬率範圍很大，從負四四%到正五三%都有，因此任何一年都有可能大幅偏離長期標準值的一〇%。不考慮這種波動風險，會使你的財務計畫陷入困境。

- **六十五歲退休規則：**退休，本身就是一個新概念。一百年之前，人類還是工作到生命的最後一刻。然而，在一九三五年美國啟動社會安全保障制度後，退休年齡被明定為六十五歲，因為當時大多數人根本沒辦法活那麼久，[104]女性平均壽命為六十二歲，男性更是只有五十八歲。到了今天，如果你認為六十五歲就能退休，卻沒有不少的儲蓄可以支應，不可避免會發生你的人活得比你的錢更久的慘劇。年輕一代因為醫療進步，甚至可能活到百歲以上。[105]

以上都是很好的經驗法則，卻不是永恆不變的宇宙定律，我們絕對不能將金融與物理混為一談。統計學家喬治．博克斯（George Box）曾告誡我們：「所有的模型都是錯的，但其中有一些還是有用的。」這句話非常適合拿來規劃你的財務生活。沒有計畫的理財會導致混亂和缺乏協調；研究顯示，只要有一個持續執行的財務計畫，你就能獲得較好的財務結果和較高的幸福感。

二〇二一年，嘉信理財（Charles Schwab）的調查發現，只有三三%的美國人寫下財務計畫，當中有六五％表示自己的財務狀況穩定，而沒有計畫的人只有四成會這麼想。[106]更引人矚目的也許是，五四％有計畫的人對於達成財務目標「非常有信心」，而沒有計畫的人卻只有一八％擁有同等程度的信心。

但是，請記得，在規劃財務旅程的過程中，一定要保持適當的個人成長和變化空間。古希臘哲學家赫拉克利特（Heraclitus）有句名言：「無人能踏入同一條河兩次，因河已非同，人隨境遷。」這句話不僅適用於你的生活，也適用於你的金錢。

不良財務行為的治療方法很「簡單」

很多時候，解決問題的最佳方法，無論是財務上或其他方面，往往不是什麼先進的模型，或是權衡所有證據之後的結論，而是那個「快速又明顯」的答案。

我們眼前的答案可能比我們意識到的更加強大、更有意義。

《舊約聖經》中就有這樣一個故事，我稱之為「約旦河問題」（River Jordan Problems），也就是答案再明顯不過的複雜問題，但卻因答案實在太過簡單而被人忽略。

故事主角叫做乃縵（Naaman），他是當時的有錢人，也是敘利亞國王手下一支軍隊的指揮官。從許多層面來看，他有權有勢，具有軍事實力且受到社會的尊重，但是他有一個很大的問題：他是一名痲瘋病人。為了擺脫這個痛苦異常的折磨，乃縵的僕人建議他去撒馬利亞（Samaria）找一位名為以利沙（Elisha）的先知，據說他為遭受同樣苦難的人行過神蹟。

乃縵覺得去見先知也不會更糟，於是帶著他的馬和戰車來到先知以利沙的家，請求覲見先知。抵達後，乃縵期待一場精心準備的療癒儀式。然而，以利沙甚至沒有親自出來見他，而是指派僕人傳達一段簡單的留言：「你去約旦河中沐浴七回，你的肉就必復原，而得潔淨。」

我們這位有權有勢的主角對這次交談深感不滿，原因有二。首先，以利沙沒有禮貌的現身和他交談，這在聖經時代簡直是一種侮辱；更令人震驚的是，以利沙居然叫他去一條不怎麼漂亮的河流，執行一項看似愚蠢的任務（上網搜尋一下「約旦河」，你可以親眼看看它有多泥濘）。乃縵接著列舉三條更近、更美麗的河流，最後怒氣沖沖的轉身離開。

雖然乃縵很生氣，他的僕人還是大膽上前，建議他遵循先知的簡單要求。僕人勸道：「我的主人，如果先知吩咐你做的是偉大的事，你難道不會去做嗎？更何況，他只是要求你：『去沐浴而得潔淨？』」乃縵放下身段，完成看似簡單的任務，他的疾病也順利獲得治療。乃縵對這個神蹟感到震驚，解除心中的疑慮。他回到以利沙面前，承認上帝的醫治能力，並送給以利沙禮物以示謝意。

治療乃縵需要的只是少許信心，遵循基本的指示，而不是什麼複雜、華麗的計畫。乃縵的故事讓我們不禁想問：**「我的投資組合、事業和生活，是否存在一些其實很簡單的答案，但就是因為它們太簡單，所以我忽視它們？」**

在你思考這一題的同時，我們可以向《黑天鵝效應》（*The Black Swan*）作者納西姆．塔雷伯

（Nassim Taleb）尋求更多證據，證明人們習慣複雜的解決辦法。正如我在《行為投資金律》中詳細描述的，塔雷伯曾經幽默的以行李箱的故事為例，闡述我們如何看待創新，以及如何盡最大努力發揮創造力，但卻因為把事情過度複雜化而受挫。正如塔雷伯指出，輪子誕生於六千多年前（甚至早於乃縵的時代），但發明帶輪的行李箱卻是近代才出現的事。

多年來，舟車勞頓的旅客總是在無人幫助的情況下，拖著沉重的行李穿過機場，除了對身體造成傷害，也時常拖延起飛時間。終於有人想到要加以改善時，一開始是拿加裝輪子的推架，讓旅客可以將行李固定在上面——確實是一大進步，但還是有很多不必要的麻煩。直到最近幾十年，才有人在行李箱底下安裝輪子，這麼直覺的解決方法卻花了我們六千年才實現。

塔雷伯談到這個概念時，說：「政府和大學在創新與發現的貢獻上非常、非常少，正是因為他們除了盲目的理性主義之外，還有刻意尋找複雜的、誇張的、有新聞價值的、有故事性的、科學的、誇大的傾向，看不起在行李箱上裝輪子這種小事。」[107]

你不覺得塔雷伯說得很有道理嗎？

我敢打賭，你一定曾經在見到某項發明或點子時，心想：「為什麼我沒想過可以這麼做呢?!」我相信，你沒有想到的原因就是忽視簡單、優雅的力量。

人類在為行李箱裝上輪子之前，早就已經將人送上太空。而且，我們也把這種對複雜性的錯誤執著帶進財務生活。

美國出版數據統計機構 NDP Bookscan告訴我們，二〇〇二年以來，每年大約有五百本個人理財書籍上市；在數量較多的年份，甚至可以多達七百本。光是美國境內，就有八千七百六十三支共同基金、近四千支對沖基金（在世界其他地方註冊的也有數千支），以及多個表面上看來是專門幫助你掌握理財資訊、二十四小時播放的有線財經新聞頻道。[108]

以上資訊不免給人一種「理財生活實在是一件非常、非常複雜的事」的印象。但它其實就是「約旦河問題」。你想治癒不良的財務行為？只需馬上往泥濘的河流一跳。

評估基金報酬就是一個典型例子。《金融戰爭》（*Billions*）之類的電視影集向觀眾傳達的訊息是：決定基金績效的因素是高速電腦運算、提升交易網路傳輸效率的主機、常春藤盟校的數學家大軍，或是能將處理時間縮短至五毫秒的跨大西洋光纖電纜（順帶一提，這是真實發生過的事）。[109]可是如果我告訴你，決定基金報酬的關鍵因素極為簡單且非常明顯，只需看「費用」這一項，你又會怎麼想？

晨星公司蒐集相關資料，從不同角度對管理基金進行檢測，以了解有哪些新興趨勢可以幫助散戶和財務顧問。研究結果一致且可靠：你為ETF或共同基金支付的總成本，就是未來成功與否的最佳預測指標。經理人的任期長短、持有財務分析師證照的員工人數、隱藏在黑盒子中的神祕代碼、與生俱來的選股直覺……都不是決定共同基金報酬高低的關鍵。

這項分析依照淨年費率將美國股票基金分成五組。事實證明，成本最低的一組基金總報酬率為六二％，超過五組中成本第二低那組的四八％成功率，然後中間那組基金是三九％，第二高的那組是三〇％，以及開銷比最高的那組是二〇％。晨星公司的結論是，在其他條件相同的情況下，費用愈低，報酬愈好。整體而言，成本最低的那組基金成功機率是五組中成本最高的基金組別的三倍。

想讓你的資產配置變得簡單嗎？你可以忽略基金經理人杜撰的引人入勝故事，也可以放下精編的年度報告，只需看該基金相較於同類型基金的年費率如何即可。

大多數人都像乃縵一樣。我們都是提著沒有輪子的行李箱、跌跌撞撞穿過機場的忙碌旅客。

在投資領域，令人著迷的敘述和術語往往讓人產生某個基金經理比其他基金經理更厲害的錯覺。我們很難去責怪相信這種複雜說法的人。事實上，華爾街的行銷手法就是想要激起這樣的標準反應。然而，我們了解自己與頑固的乃緣有多少共同點後，就會更清楚的意識到，在優化個人財務時，簡單的真理擁有最大的影響力。

要在你的生活中運用簡單的力量，請問自己以下幾個問題：

- 我是否在工作中將自己的潛力發揮到極限？
- 我是否設定從收入中自動扣除一定的比例做為儲蓄？
- 這些儲蓄是否分散投資在不同的資產類別？
- 我是否為正在使用的產品和建議支付合理的費用？
- 我是否在不擅長的領域尋求專家的支援和指導？

如果你對上述所有問題的回答都是肯定的，你就已經領先九成的同儕。而且，你甚至已經超越差不多九成的專業投資者。

套句愛因斯坦的話，我們不能用製造問題的思維來解決問題。雖然市場確實是一個不斷發展、複雜且動態的系統，但同樣不可否認的是，只有透過巧妙的簡單方法來應對這種複雜性，我們才有可能真正獲得財務自由。

少犯錯，你就比專家聰明

鏗鏘有力的吉他旋律響起。在你意識到發生什麼事之前，你已經忍不住跟著打起節拍。隨後，你聽到歌詞：「愚蠢的死法，這麼多愚蠢的死法。」

等一下！等一下！到底在唱什麼？

「耳蟲」（earworm）指的是某段音樂在腦中不斷重複的現象。你可能在社交媒體上看完剪接失敗的影片後有過這樣的經驗。但你大概沒有想過，上述這段影片居然是史上最重要的防治宣導活動之一。

由澳洲墨爾本都會列車公司（Metro Trains）構思的短影音〈愚蠢的死法〉（Dumb Ways to Die）並不「失敗」。影片的創作目的在於推廣鐵路安全、減少月台事故。都會列車公司不走聘請代言人拍攝嚴肅廣告的正常路線，採取截然不同的手法，以幽默和創意有效的傳達訊息。

在這支影片中，可愛的角色進行愚蠢而危險的活動。例如，在火車駛近時站在離鐵軌太近的地方。由於詞曲朗朗上口，影片迅速爆紅，在 YouTube 上擁有將近兩億的觀看次數。但是這支影片並不只是鬧著玩的，它帶動高度的網路參與度，讓人們開始廣泛關注在鐵道附近做蠢事的危險性。除此之外，該支廣告備受專家肯定，在廣告界最負盛名的坎城國際創意節（Cannes Lions International Festival of Creativity）上榮獲多項大獎。

儘管這支影片沒有採取傳統手法來提高公眾意識，在廣告發布後短短六週內，都會列車公司就發現鐵路事故減少二一%。之後，其他城市也開始採用這項策略，雖然獲得的社會影響力可能沒有那麼大。最令人讚嘆的還是這支廣告大受歡迎，推出的周邊商品非常暢銷，進一步強化它想傳達的安全宣導。

這樣突破現有框架的行銷策略也能應用在金融服務業上。典型的理財廣告不是一對夫婦和一個西裝筆挺的人坐在一起研究數字，就是一對夫婦在帆船上享受退休生活。除了帆船（好多好多的帆船）以外，山脈和指南針也經常出現，而且畫面無一例外的使用沒有攻擊性的藍色色調。也許這種矯揉造作的典型廣告，很適合已經走在正軌上的富裕階層的胃口，但大多數人距離那種境界還非常遙遠，需要的是像《愚蠢的死法》那樣有點魯莽的刺激。

舉例來說，並非每個人都能善用雇主資助的退休儲蓄計畫。有七九%的美國人具備參加職場退休計畫的資格，但只有四一%的人選擇參加。除此之外，不到三分之一的美國人使用可延稅的401K退休金帳戶計畫儲蓄。[110]只有大約三分之一的美國人分散投資組合。[111]除了投資之外，半數的人沒有任何壽險。[112]更不意外的，只有三三%的美國人有寫下財務計畫書，其餘的人宣稱他們手上的錢少到不值得寫，或者他們沒有時間，或者對他們來說制定計畫太過複雜。[113]然而，在長期財務管理明顯不被重視的情況下，當沖交易和其他高風險的投資行為卻在不斷增加，疫情期間的迷因股熱潮更為這種現象再添柴火。

為什麼我們的財務看起來優先順序如此不正常？金融從業人員怎麼拯救這種失控的局面？

也許從墨爾本都會列車公司挖角幾個行銷天才是個不錯的主意。我們需要翻轉劇本，將注意力從追求巨大的成功轉為把小事做好。我們要知道，個人理財和投資目的並不在於打出全壘打，也不需要像華倫．巴菲特那樣精明。名人在社交媒體上的建議根本不用理會。相反的，你要做的只是在避免重大風險的同時，做好幾件基本工作，然後繼續正常的過日子。

關於避免「愚蠢的破產」的例子，我們不妨借鏡華倫．巴菲特的合夥人、已故的查理．蒙格（Charlie Munger）對波克夏海瑟威（Berkshire）投資方法的評論，這樣做使他們兩人都成為億萬富翁：「我從來不試圖成為非常聰明的人，而只是持續避免讓自己變成蠢貨，久而久之，我們這種人便能獲得非常大的優勢。這才是大家應該關注的重點。」

從體育競賽也能看出這一點。網球是最能充分展現不明智行為可能造成多嚴重失誤的運動，所以被稱為「輸家遊戲」。無論大滿貫冠軍或有天賦的業餘選手，只要是成功的選手，都知道獲勝關鍵就是打一場乾淨的比賽。贏家遊戲需要精湛的球技和深思熟慮的策略，輸家遊戲強調的卻是減少失誤和不送分給對方。難怪有人說，職業選手爭的是贏得的分數，業餘選手比的是丟掉的分數。

投資也是同樣的道理。無聊便是美。追求高報酬往往導致代價高昂的連續失誤，就像網球選手連續兩次發球失誤。

對許多家庭來說，不犯蠢的第一步就是避開災難。持有適量的保險，建立應急基金，立好遺囑，甚至照顧好自己的健康，都有助於減少掉入財務陷阱的機會。

談到投資時，請務必定期儲蓄，也許可以透過公司提供的退休計畫，或者開個「傳統退休個人帳戶」（IRA）；若能兩者兼具，自然更好。一旦你的投資列車順利運行，請務必開始分散投資，同時為子女上大學或退休等特定事件進行事先規劃。

你擁有足夠的保險、現金安全網和基本投資組合，在讀完本書後仍然想做股票投資，那麼評估過手頭資產後，就放手一搏吧！記得不要超過資產淨值的三％至五％。說不定你會打敗市場，賺上一大筆錢。誰知道呢？只要金額控制得當，就將它當成你在減肥時還是忍不住要偷吃的那塊蛋糕。

但如果你仍然對其中一些理財概念感到畏懼，你並不孤單。大多數人，即使是口袋滿滿的人，其實也不知道要怎麼做才能對自己的財務進行最好的管理。如果你有這種感覺，至少已經踏出第一步，因為你的困惑說明你已經比過度自信的大多數人還要優秀。接下來，請尋求財務規劃人員的協助，讓他成為協助你將金錢與人生目標對齊的好幫手，你的任何未來目標才有可能實現。

所有旅行的首要任務都是安全，任何財務計畫也一樣，目標先是避免災難和錯誤，接著才能談更高層次的目標。但是，我們心裡的控制錯覺*、確認偏誤※、過度自信，以及其他許多行為上的偏誤，都將我們導往錯誤的方向。人性中固有的偏誤，讓我們很容易將注意力放在像挑選個股這種看似光鮮亮麗、本質上無關緊要的事，忽略像是採取專業建議、風險管理、充分儲蓄和分散投資等更基本的考量。就像人們可能更愛炫耀汽車的引擎有多厲害，卻不將安全氣囊放在心上。

千萬不要陷入這種心態。避免財務狀況變得複雜，簡單明瞭才能讓你避開將來的不幸意外。

---

*編注：人們傾向於高估自己控制結果的能力。
※編注：個人選擇性的回憶，蒐集對自己有利細節，而忽略不利或矛盾的資訊。

投資的最強心法：我不知道

林肯總統在宣誓就職前就已經相當有名望，他在法律上的成就為他贏得「誠實的亞伯」（Honest Abe）的暱稱。他不僅是一位經驗豐富的律師，更是一位政治選舉的老手，他完全知道該如何評估一場比賽。或許更重要的是，當他發現自己的知識水準不夠時，懂得立刻召集他的顧問和前輩來彌補不足。

一八六一年一月林肯即將上台的那段時期，對於當時還算「年輕」的美國來說，若只以「充滿挑戰」來形容未免太過輕描淡寫。林肯意識到，自己身為戰時（南北戰爭）總統的任務有多麼艱難，因此他廣泛的向專家和其他抱持不同信念的人尋求建議。林肯的內閣成員五花八門，有些甚至是他最堅定的批評者和對手。

這位第十六任總統之所以可以在如此動盪的時期發揮功能，原因在於他的謙遜。他承認自己的局限，並在面臨艱難的選擇和策略時承認「我不知道」，給予他及他的團隊引導國家度過內戰的能力。

歷史學家桃莉絲・基恩斯・古德溫（Doris Kearns Goodwin）的《無敵》（*Team of Rivals*）深入探討林肯的思維，以及他如何不反駁相反的意見，而是接納它們，將一個分裂的國家團結起來。林肯會成功不是因為他什麼都知道，而是因為他發現自己不知道時，能夠找到填補空白的人加入團隊。

至於後來發生的事就眾人皆知了。

對林肯總統來說，承認自己缺乏專業知識是件好事，我們所有人也該嘗試將同樣的態度應用在日常生活和理財行為上。

有人說，投資時最危險的一句話是「這次不一樣」；我卻認為，**投資時最有力的一句話是「我不知道」**。心理學上描述「你知道什麼」和「你不知道什麼」的專業術語稱為「後設知識」（metaknowledge）。按照字面的意思，就是「關於知識的知識」。它包括好幾個層面。

首先，最關鍵的是，意識到我們有認知偏誤。後設知識包括會影響我們的偏誤及對於捷思法（heuristics）*的認知。我們了解這些偏誤愈多，愈有能力減輕其影響。例如，假設你對財務問題很

*譯注：依靠經驗法則，對類似問題形成快速判斷的方式。

情緒化，很難看著市場的每日波動卻無動於衷。了解自己有這個問題後，就可以做出一些決策，降低這種不適感破壞長期目標的可能性。比方說，你可以選擇調低檢查投資組合的頻率，以免看了之後會引發一連串的衝動行為，打亂財務計畫；或者，你也可以選擇與專業人士合作，在困難時期為你提供穩定的指導和冷靜的視角。雖然你可能永遠不會成為金融界奇才，但你擁有知道自己缺點的後設知識，就可以幫助你避開恐慌，使得高超的能力變得沒那麼重要。

接下來的關鍵是承認你並非什麼都懂。後設知識的概念包含「知識總是在變化」的現實。回想你的職業生涯，與十年前相比有多大的不同？哪些事情是你曾經知道、但現在變得不一樣？有什麼是你現在知道，可是它以前並不是這樣？現實就是，知識總是不斷的向前發展，真理本身也不斷的改變。

談到投資市場和你的財務未來時，有太多事情是不可預測的。

在眾多常年失敗的案例中，我們挑出一個好例子：專家們對二〇〇八年股市走勢的預測。二〇〇八年一月二日，美國投資機構 Bespoke Investments 發布，華爾街分析師預估的平均年終目標為一千六百三十二點，將使美國大型股指數創下歷史新高。[114]結果，當年年底實收在九百零三點。如果請氣象學家來預測，準確度說不定還高一點。

若說市場是不可預測的，你生活中會破壞預算的事件也是如此，像是照顧年邁父母、出現重大健康威脅，以及供應幾個孩子上大學等衍生出來的意外費用，都有可能帶來重大的財務風險。雖然這些潛在的財務負擔在某種程度上可以事先規劃，卻無法直接將所有數據輸入表單，得到一個儲蓄目標的精確金額。我們制定財務計畫，生命卻不會配合。唯一不變的現實是，許多不可測的財務事件可能嚴重影響你的財務計畫。但不幸的是，我們完全不擅長估計未來的此類風險。

紐澤西州立羅格斯大學（Rutgers）心理學教授尼爾・韋恩斯坦（Neil Weinstein）進行一項研究，他要求參與者評估他們認為遇到一長串包括被搶劫、解雇、離婚、以及出現嚴重健康狀況等負面事件（共四十二件）的可能性。至於正面事件的可能性，例如，中獎或加薪等，已有其他研究著手調查完畢。檢視結果，發現一個明顯的趨勢：參與者對他們的未來過於樂觀。大多數人傾向樂觀看待未來，認為危險的事物只會發生在其他人身上。我們相信自己比一般人更容易中樂透，或能在戀愛中很快找到對的人，將離婚和疾病視為其他笨蛋面臨的厄運。談到金錢時，這種對現實的巨大誤解會導致許多負面後遺症，包括沒有足夠的儲蓄來因應不時之需，未曾購買足夠的保險，以及對投資組合的報酬抱持不切實際的假設。

最後，後設知識的一大關鍵是知道可以在哪裡找到更多知識。我對汽車一無所知，完完全全的什麼都不懂。我不會更換輪胎，不會更換火星塞。如果有人要我更換煞車片，我只能祈禱慈悲的上帝會幫助我們所有的人。不過，我不會，沒關係，因為我認識附近好幾個很厲害的修車師傅，我相信他們能做好他們的工作。真正的危險不在於我對汽車一無所知，而是我以為我懂得如何修車，可是實際上我不懂。

同樣道理，即使你的財務知識僅限於基礎知識，只要你知道該向何處尋求幫助，一切都不是什麼大問題。

比起以往任何時候，在現代社會中尋找合適的資源更加容易，但同時也充滿更多風險。你可以輕易的透過幾次點擊、移動滑鼠或人工智慧提示蒐集資料，卻通常很難知道送到你面前的建議是否適合。

因此就像林肯一樣，身邊有一位值得信賴的顧問，他了解你的個性、你的優勢和你的困難，這就是一種可以帶來豐厚報酬的後設知識。二〇一九年，先鋒領航集團（Vanguard）進行、並在二〇二二年更新的一項研究顯示，跟你親自下場投資相比，值得信賴且技術精湛的理財專家可為你的年報酬率多賺額外的三個百分點[115]。羅素投資集團（Russell Investments）的研究則表明，利用財務顧問的附加價值（advisor alpha）會帶來額外的四%報酬。[116]你不必什麼都知道，你只需要知道該向哪裡求助就可以。

「專業化」是整個現代經濟的基礎，我們因此受益良多，不管是在度過時間的方式上，還是在得到的商品和服務的品質上，都因分工而變得更好。我們要坦白接受現實：法國麵包店的羊角麵包就是比我們在家裡烤的更美味；如果我們的勞力士錶壞掉，也千萬別試著自己動手修理。

然而，很多時候，我們缺乏對自己的錢包和投資組合的後設知識。也許是因為每天與金錢打交道，畢竟我們賺錢、花錢，每天都在用錢，以為只有靠自己才能賺得到最大利益。然而，相對於我們自以為了解金錢，更重要的關鍵是，在我們意識到自己不知道的部分後願意向外求助。

你不需要更多理財知識

在資訊流動迅速、人工智慧日益強大的世界裡，我們擁有史無前例的機會可以取得大量知識，不論任何想要的主題，包括改善健康、財富與幸福的方法。儘管如此，如果不採取行動，宇宙間存在再多的資料也是枉然。

這就是心理學定義的「知行差距」（knowing-doing gap），也就是我們知道「應該做什麼」和我們真正行為之間的那條鴻溝。事實證明，我們「應該做什麼」和「實際做什麼」兩者間的差距比我們想像的大很多。

講到知行差距，鐵達尼號的悲劇是一個經典且令人悲傷的例子。負責該船首航的船員在許多方面都看到可能存在的危險，卻沒有採取防護措施和糾正行動，導致最終情況走到無法挽回的地步。

在這艘豪華郵輪的設計中，甲板上保留二十艘救生艇，只能容納一千一百七十八人。船上有兩千兩百四十人，救生艇僅能容納船上一半的人多一點，但遠低於該船三千三百二十七人的最大載客量。船上的工程師和建造者都知道這個問題，卻選擇只滿足最低需求。鐵達尼號與冰山相撞後，知行差距的結果，便是因救生艇短缺造成的嚴重傷亡。

船員們也表現出這種行為缺陷。正如一九九七年熱門電影中所描述，愛德華．史密斯船長（Captain Edward Smith）和其他船員都意識到，近乎冰封的北大西洋水域潛藏許多危險。鐵達尼號的前方飄滿冰山，但是它仍然全速前進。雖然收到警告，史密斯船長卻選擇繼續保持船的航向和速度，大大提高撞上冰山的可能性。

電影中也可以看到，鐵達尼號的船員並沒有接受過危機處理訓練。除去救生艇不足的事實，船員也缺乏緊急應變能力，妨礙救生艇有效率的下水和裝載，造成更多人的死亡。在郵輪沉沒前的混亂中，疏散工作充滿慌亂和延遲，毫無效率可言。

其實早在北愛爾蘭貝爾法斯特（Belfast）的造船工人開始建造這艘大船之前，就已普遍存在知行差距。鐵達尼號頂著「永不沉沒」的名號，造船工人在設計上過度自信，導致他們在採取適當預防措施時過於輕忽。人們認為，該船已經夠先進、夠安全，因此繞過有助於減少航海危機的步驟。

最終，負責人知道救生艇不夠，但他們什麼也沒做；他們知道有冰山，卻沒有改變航向；他們知道船上的危機處理準備不足，卻始終未曾停下甲板上的音樂。以事後諸葛的角度來看，我們很容易站在全知者的位置，嘲笑這趟悲劇航程的設計者是自食其果的大傻瓜，甚至可以說是『鐵達尼級』的自大狂。

然而這麼做，我們就忽略自己平常也是掉進「知難行易」這條鴻溝的受害者。容我舉幾個例子來打擊你：

- **飲食與運動**：維持健康體重的方法非常簡單，就是少吃、多運動。然而，許多人仍然不明白如何實現這個目標，根據世界肥胖聯合會（World Obesity Federation）的報告，預計到二〇三五年，全世界有五一%的人超重。[117]
- **吸菸**：研究吸菸危害的論文不計其數，世人早已充分明白吸菸有礙健康，但世界衛生組織表示，全球有超過三分之一的男性有吸菸習慣。[118]更令人震驚的是，負責幫助我們從疾病中恢復的執業護理師，吸菸率居然比一般人更高。[119]
- **財務準備**：美國國家退休保障研究所（The National Institute on Retirement Security）發現，截至二〇二〇年，美國適齡工作家庭的退休帳戶餘額中位數僅為兩千五百美元。除此之外，同一份研究還顯示，六二%的五十五至六十四歲家庭的退休儲蓄少於其年收入的一倍。[120]除了退休資產不足之外，許多人還要應付高利率的債務。二〇二三年消費者金融研究局（Consumer Financial Research Bureau）的一份報告預測，美國人信用卡負債總額很快就會達到驚人的一兆美元。以一億七千五百萬名持卡人來計算，相當於每位美國成年人負債超過五千七百美元。[121]

想一想這件事可能引發的焦慮，美國最大的線上借貸平台「借貸俱樂部」（Lending Club）在二〇二三年的調查發現，六二％美國人完全沒有儲蓄，一旦沒有薪水就活不下去。這實在不足為奇。[122]

然而，金錢的「本質」其實簡單得令人驚訝。大概像這樣：

- 盡可能提升自己的能力和賺錢的機會。
- 每個月存下一定比例，用於儲蓄和投資。
- 分散投資。
- 不要動這筆錢，讓時間和複利展現它們的魔法。

就只有這些。

然而，我們幾乎苦苦掙扎。因為「做什麼」很容易，「如何做」卻很困難。自我啟發的書籍往往占據書店裡最大的分類區。這一點都不奇怪。我們內心的傲慢使自己相信，多讀一本投資書就會讓我們像華倫·巴菲特一樣精通選股，多學習一門預算課就會使我們成為個人理財專家；學習最新的飲食趨勢，只需做三次仰臥起坐，就能看起來像布萊德．彼特（Brad Pitt）。

我們認為，幫助我們突破困境的關鍵，在於接受更多該去「做什麼」的教育。

專注於「做什麼」可能會讓人覺得自己不斷進步，但通常都在欺騙自己，只是一種障眼法，讓自己不去做真正改變行為的艱巨任務，換句話說，就是為了避開麻煩的「如何做」。閱讀故事和累積知識給自己正在進步的錯覺，而且不需花費太多力氣就能辦到。然而，在我們已經擁有需要「做什麼」的知識後，繼續累積更多資訊並不會對我們有太大幫助。是時候將焦點轉移到更艱巨的任務上，也就是我們該開始行動。

對於已經弄清楚「做什麼」、希望轉向「如何做」的人，《知行之間》（*The Knowing-Doing Gap*）作者傑弗瑞．普費弗（Jeffrey Pfeffer）和羅伯．蘇頓（Robert Sutton）提出五個具體的行動步驟，將知識轉為行動：[123]

1. **教導他人**：分享我們所知道的，可以更強化自己的理解，鞏固腦中的知識。不僅能驅使「老師」付諸行動，也能激勵「學生」一起實踐。想要真正掌握穩健投資的原則嗎？教教你的朋友和家人吧！

2. **從小處著手**：無論是工作上的任務，還是週末的待辦家事清單，跨出第一步通常最困難。不過，一旦開始，就能形成動力。只需先邁出一小步，後面自然會動起來。如果你的最終目標是存下一〇%的薪資，但一開始只能存下三%，也不要害怕。

3. **找出原因**：當一件事與自己息息相關時，會產生更多動力。了解某項行動為什麼對個人而言很重要，有助於維持承諾和動力。如果你意識到自己是為了未來更重要的目標在努力，因而對每天那些花小錢的誘惑說「不」，就會變得比較容易。找到那個好處，並時時提醒自己。

4. **合作**：與志同道合、也同樣有行動力的人一起工作，可以創造出相互扶持、可靠負責的環境。讓自己身邊圍繞著具有共同目標和價值觀的人，不要害怕互相依賴及共同負責。

5. **獎勵行動**：別等衝過終點線才要慶祝。每到達一個小小的里程碑時，就給自己一點小獎勵。這麼做會讓你更有熱情，維持「如何做」的強烈衝勁。

事實證明，**你根本不需要更多的知識，你需要的只是付諸行動**。如果你身邊有對的人，心裡有目標，腦中有計畫，你就能走得又遠又穩。

維持投資動力的兩大關鍵

維克多．弗蘭克爾是我職業生涯中除了索倫．齊克果（Soren Kierkegaard）以外最敬佩的人物之一，我崇拜他的巨著《活出意義來：從集中營說到存在主義》（*Man's Search for Meaning*），將它視為我的聖經。這本書是我最頻繁使用的參考書，幾乎每天我都會想起書中的某些內容。

貫穿這本書的是弗蘭克爾從尼采學說中汲取的概念：知道為什麼而活的人幾乎可以忍受任何折磨。基本上，這個想法概括弗蘭克爾主張的哲學：尋找人生目標，藉此忍受、克服每個人所面對的挑戰。

如果你還沒看過《活出意義來》，請立刻丟掉你手上的這本書，先去找弗蘭克爾的大作來拜讀！

你會讀到弗蘭克爾提供的具體例子，說明他在納粹集中營的三年間，是使命感讓他勇敢面對難以想像的困境。

書中有一段描述他在波蘭奧斯威辛（Auschwitz）集中營的時光，特別令人心酸。和他一起被囚禁在集中營的同伴生病、受傷，他被迫去治療他們。儘管生理和心理上都過得很艱難，弗蘭克爾卻在幫助他人的過程中找到生命意義，成為他在殘酷的現實中堅持下去的動力。

弗蘭克爾抱持這樣堅定的信念，表達他對人類存在本質的看法：

人類在追求生命意義時，總是指向自己以外的人事物；不管是要實現某個意義，還是與他人相遇。一個人愈是忘我，將自己奉獻給事業或是去愛另一個人，愈能成為更真實的自己，也愈能發揮自己的潛能。

在書中，弗蘭克爾回憶一段感人的對話，他幫助一位似乎完全沒有求生意志的獄友，找到活下去的理由，在備受折磨的集中營裡得到一個心靈和精神上的寄託。離開集中營後，弗蘭克爾對生命的憧憬毫無動搖。他懷抱強烈的責任感，幫助人們面對痛苦，不管情況多艱難，都能在最黑暗的時刻找到希望的曙光。他後來表示：

我只是想透過一個具體的例子告訴讀者，生命在任何情況下都具有潛在的意義，即使在最悲慘的條件下亦是如此。我想，如果能在集中營這樣極端的環境中證明這一點，我的書應該能吸引到其他人的關注。因此，我覺得我有責任寫下自己經歷的一切，我認為這可能對容易陷入絕望的人有幫助。

弗蘭克爾的見解之所以具有如此深遠的價值，部分原因在於他的見解是經歷一番艱辛所獲得的。很難想像還有什麼環境比弗蘭克爾經歷的更道德淪喪、更泯滅人性。然而，儘管經歷這一切，他仍然能透過專注於他的「為什麼」來堅持下去。弗蘭克爾談到這個概念時曾經說：

每個人都有自己特定的天職或使命；每個人都必須完成一項上天要你完成的具體任務。沒有人可以被取代，人生也無法重來。因此，每個人的任務都是獨一無二的，執行特定任務的機會也是獨一無二的。

儘管尋找個人使命的過程可能艱巨且曲折，但踏上發現個人使命的旅途卻至關重要。然而，比較少人理解的是，財富也需要一個「為什麼」當作立足點，我們可以根據自己的價值觀制定正確的目標來達成這一點。

直覺上，我們認為將金錢與有意義的目標結合，可以讓儲蓄和投資更有動力，事實證明也確實如此，目標導向的投資（goals-based investment）策略能夠帶來更多的財富。有很多證據。根據二〇一四年晨星公司（Morningstar）退休研究部門的前負責人大衛・布蘭琪（David Blanchett）主導的研究顯示，在財務規畫中使用目標導向的投資架構，會使客戶財富增加一五%以上。更重要的是，當投資者的理財顧問將注意力放在客戶的個人目標，而非任何績效指標時，投資者的滿意度會更高。[124]

而且你的目標愈「人性」，實現的效果就愈好。二〇〇九年，行為經濟學教授切埃馬（Cheema）和梭曼（Soman）進行的一項研究發現，將錢分裝在不同信封，並在信封加上具體的視覺提醒（例如：受測者的家人照片），與對照組相比，儲蓄金額顯著增加，達將近兩倍之多。[125]

SEI投資公司（SEI Investments）發現，有一個簡單方法可以幫助人們在股市震盪和熊市期間仍能將注意力放在財務目標上，那就是使用個人名稱重新命名投資帳戶。[126]如果你在幾家大型投資公司擁有股票帳戶或個人退休帳戶，可能見過這種功能。系統允許你將一般的帳號「1234-5678X」重新命名為更有意義的「奧莉薇亞和諾亞的小木屋」（Olivia’s & Noah’s College），或將「退休帳戶X12345678」更改名稱為「我們的湖濱夢想家園」。

因此，財務目標有助於創造整體財富，可能帶來更高的儲蓄率，而且在市場波動期間也能成為穩定的支柱。你所做的只不過是為你的投資帳戶想一個暱稱。

將我們的錢與夢想直接連結的好處很多，我認為其中最關鍵的兩個，會成為你抓牢土壤的根和飛翔的翅膀。

「翅膀」是動機、驅動力、夢想，也是在金融市場變得動盪、不確定或非常嚇人時我們的精神及情感基石。管理學大師史蒂芬・柯維（Stephen Covey）曾明智表示：「你必須決定對你最重要的事情是什麼，並且有勇氣帶著愉快的微笑，毫無歉意的對其他事情說『不』。而做到這一點的方法就是在內心燃燒一個更大的『是』。」在令人生畏且不穩定的熊市中，你可能會為了安全而採取手握現金、暫緩投資的迴避手段；然而，夢想卻能驅動你，讓你對持續儲蓄與投資說「是」。

現實的數字就是「根」，代表實現財務目標所需的每月存款、你願意在此過程中承擔的風險金額，以及財務計畫中列出的其他實用功能。每個財務目標都必須付出成本，但絕對可以事先估計，而且唯有在牢牢固定你的翅膀之後，才能實現財務目標。

我們經常看到的問題是，投資者從根部入手，導致起始工作十分繁重，最終永遠無法走到他們的夢想。結合翅膀和根才可以維持投資者的動力，增加實現目標的可能性。

為了實驗結合翅膀和根的方法，讓我們一起來設定目標：

- **設定願景**：想像自己擁有實現夢想所需要的一切資源、時間和支援，你一直想要、卻沒有機會全力追求的願望是什麼？
- **讓目標與你的價值觀相結合**：省思符合你的目標的個人價值觀和道德。最有意義的抱負根植於深層的個人道德，而非短暫的歡愉。
- **逆向推導**：想像自己已經達成期望的結果，進而開始設定你的目標。然後，倒推回去思考你為實現這個目標應該採取的步驟。這種方法將你的目標分解為較容易管理的任務，創造出明確的成功路線圖。舉例來說，如果你的任務是創辦一家線上企業，請想像自己成功的經營該企業，然後規劃創立該企業的必要步驟，像是市場研究、產品開發、行銷策略擬定和客戶互動方式等。透過逆向推導，你將有一個精確的行動計畫可以遵循，更容易實現目標。
- **仔細分析**：對目標進行逆向推導後，確定現實中實現目標的成本，包括財務成本和其他重要開支的詳細資訊。分析所有數字後，清楚了解實現願景所需要的花費。
- **開始行動**：就像物理學說的「動者恆動，靜者恆靜」。盡可能將過程中的多個部分自動化，並在其他需要你努力的地方採取行動。準備好……開始行動！

人們往往只是因為「我們應該這麼做」而儲蓄和投資。當然，看到你的淨資產隨著職涯發展和投資成長而不斷攀升，是一件很棒的事。

然而，**儲蓄和投資的目的是什麼？除了表面數字之外，你還有什麼責任？**

我沒有辦法針對每個讀者的狀況提供振奮人心的智慧話語。你必須像弗蘭克爾一樣，深入探究自己的內心，才能找到自己的「為什麼」。

把未來目標「看」成現實

你的財務目標是什麼？花點時間把它們寫下來或大聲說出來，暫時不要理會自言自語是否尷尬。現在，檢查你剛才寫下的清單。如果你和大多數人一樣，清單看起來應該像：

- 去度假。
- 還清債務。
- 送我的孩子上大學。
- 有足夠的積蓄供將來退休使用。

可以確定的是，這些展望都值得你好好賺錢。然而，它們缺乏經心理學家證明、對實現目標極為重要的關鍵組成部分，那就是「顯著性」。

在我深入探討「顯著性」的細節之前，讓我們先向史上獲得最多奧運獎牌的游泳選手菲爾普斯（Michael Phelps）學習。這位史上最偉大的游泳選手透過視覺化的方法，將顯著性的力量發揮到極致。他閉上眼睛，想像自己像魚雷一樣從水中射出，接著站在頒獎台上，看著美國國旗隨著美國國歌冉冉升起——這些畫面灌輸他必勝的信念，相信自己一定會贏得金牌。他的心理演練同樣一絲不苟。比賽前，他會進入類似禪定的狀態，回顧每一個動作和轉身，直到抵達終點，碰觸牆壁。他腦中視覺化的世界連許多小細節不放過，例如：比賽開始的槍聲、冰涼的水接觸皮膚的感覺。

如果你回顧他參加的二十三場金牌賽中任何一場的紀錄影片，你會發現，他在準備比賽時有一套固定的流程。事實上，準備工作是建立視覺化和強化記憶過程中的關鍵所在。菲爾普斯意識到，他只能控制自己可以達成的事。這位奧運選手不僅設想比賽將如何展開，也會想像比賽可能如何進行。一旦他站上賽道，這種情境分析讓他幾乎沒有留下意外消耗能量的空間。這個過程磨練他的技術，讓他準備好面對比賽前和比賽時任何意想不到的挑戰或挫折。正是這種嚴格的心理訓練，培養他的自信和專注，將自己的水中技能最大限度的提高。

我認為他的方法很有效。從二〇〇四年到二〇一六年，他總共贏得二十八面奧運獎牌，截至目前為止仍保持數十項世界紀錄。雖然他在世界舞台上的成功不能完全歸功於視覺化，但這項技術無疑是他的一部分競爭優勢。

視覺化在腦海形成心理藍圖，可以幫助運動員提升表現，建立信心，並且克服經常讓準備不夠充分的選手絆倒的心理障礙。不過，視覺化並不局限於游泳池裡。它的力量也可以為你所用。

看過菲爾普斯的例子，讓我們回頭檢視「顯著性」。簡單來說，就是我們對某個概念的視覺化可以多生動或多令人感動。在此不會講得太過深入，你只需要明白，它是一種強大的心理技巧，可以將大腦中模糊的目標轉為清晰的現實。

菲爾普斯在比賽前習慣創造出充滿情感、細節豐富、令人驚嘆的視覺畫面。相較之下，如果你的目標只是「存到足夠的錢，以便將來退休」，看起來就像一頓平淡無味的飯菜，既無聊又乏味，我們必須為它增加一點口感。

你要知道，籠統的財務目標就好像菲爾普斯在兩百公尺蝶式競賽之前說：「我想游到泳池的另一邊。」這樣一點效果也沒有。倘若我們無法學會生動的描繪出勝利的畫面，無異於將重要的心理輔助工具直接忘在桌上。

如果你認為上述聽起來像是自我感覺良好的廢話，我想介紹布拉德・克隆茨博士的研究。他發現，深度的視覺化練習配合自動、良好的流程，可以將個人儲蓄提升七三%。[127]克隆茨是金錢腳本的創始者，揭示我們的財務信念模式。他觀察到，視覺化能產生動機，加強個人決心；換句話說，完全發揮正向思考的力量。同時，自動化流程不需要耗費意志力，讓大腦得以休息。因此，透過人性化的工具簡化你的理財流程，就能輕鬆存下更多的錢。

如果你已經接受這個觀念，而且希望自己也可以善用顯著性的力量，我建議從以下幾點開始具體想像一個真正值得憧憬的財務未來：

1. **心理排演：**正如菲爾普斯預想一場比賽從頭到尾的每個細節，為他想要實現的目標畫下心理藍圖，你腦海中的預演可以從退休後第一個早晨拉開序幕，想像一連串對你來說重要的活動，不論下樓為自己煮杯咖啡，或者打電話約老朋友共進午餐。想像自己計劃定期出遊，去各地探訪家人。在心裡排演你的退休生活，有助於提前感受未來那段黃金歲月的生活樂趣。

2. **感官想像：**這位游泳界的大師在想像的過程中動用所有的感官，只為了讓腦子裡的描繪更加真實。。從槍響響起，到身體躍入水中，甚至連氯氣的味道都沒放過。你也可以用同樣的方式讓理財目標變得更加生動。退休後你要去哪裡？海灘？好，哪個海灘？你的海濱別墅會是什麼樣子？腳趾踏上沙子會是什麼感覺？在炎熱的夏日，手中拿著清涼飲料會是多麼愜意？你聽到海風吹過棕櫚葉的聲音嗎？一個顯著的財務目標就應該讓所有的感官都能充分深刻的體驗。

3. 情感投入：菲爾普斯為他心中的藍圖增添情感。當他站在勝利的頒獎台時，感到自信、興奮和成就感。腦中視覺化的畫面觸及最深層的感受和雄心，更有勇氣追求自己的使命，努力實現目標。對你來說，重要關鍵則是理解金錢在本質上是感性的。正如我在《非理性效應》書中寫的，金錢甚至比性、死亡、政治或宗教更能令人興奮！同樣的，當你與顧問或親人分享你的財務目標時，也應該感到興奮。就像恐懼等負面情緒可能導致我們放棄某個財務規畫一樣，鮮明且正向的視覺化畫面能夠幫助我們度過艱難時期，專注於未來可能獲得的獎勵。

一開始我要求你列出自己的財務目標，如果你和大多數人一樣，這些目標可能有點乏味，而且說實話，非常無聊。

動用你的每一個感官，投入時間擁抱視覺化的力量，你就能讓心理學成為你的盟友，幫助你建立有意義的具體目標。你將很快就能實踐自己的價值觀，並且在追求的過程中充分享受樂趣。

第 3 部

抓住財富，也要守住幸福

我們該如何覓得物質財富和靈魂財富之間的平衡？

用更全面的方式去考量財富，

讓我們可以在追求財富之餘，

又把握住人生中重要的一切。

有錢人真正「與眾不同」的地方

沒有人喜歡平庸。身為一名需要對兒童進行智商評估的心理學家，對我來說最難的其實是告訴家長，孩子的智商在正常範圍內。

智商高？太棒了！我就知道我的小寶貝是個天才。智商低？很合理，我的孩子在學校一直跟不上，至少現在知道問題出在哪裡。但智商正常呢？沒有人想聽這個。事實證明，你面對創造、增加財富的能力時，心理狀態與受測兒童的父母是一樣的，都不想要落在正常範圍之內。事實上，大家都想和別人不一樣。

如果你對奧運歷史感興趣，可能記得有一項在當時**看來頗為怪異**的新發明。「福斯伯里跳躍」（Fosbury Flop）問世時一度引發高度懷疑，但發明它的迪克・福斯伯里（Dick Fosbury）卻真的利用這項新技術贏得奧運金牌。

參加奧運跳高比賽的選手必須試圖躍過橫桿，愈高愈好。**很簡單，對吧？**

在發明福斯伯里跳躍之前，跳高選手都採用傳統的「俯臥式」或「剪刀式」的過桿法，也就是跳躍者面向橫桿，然後將腿跨過橫桿，用上身的力量拉開與橫桿的距離。這是數十年來的正常策略，從未遭到質疑。下定決心要提升自己跳高成績的福斯伯里想出一個更好的方法。他在跳躍的過程中不面對橫桿，而是背對橫桿，拱起身體，姿勢宛如在空中翻了個奇怪的筋斗。雖然這在當時引來眾人譏諷的目光，甚至受到競爭對手的嘲弄，但他的成績很快將所有的鄙視轉為敬畏。

為了即將到來的一九六八年墨西哥城奧運會，福斯伯里在家中日以繼夜的持續練習他的新招式，其他跳高選手則仍然使用同樣的舊招。在那屆奧運會上，他展示自己的能力（和怪異性），躍過二百二十四公分的高度，創下世界紀錄，順利贏得金牌。

跳高的世界從那一刻起風雲變色。菁英選手被迫改變他們的跳高方法，一些不久前才嘲笑福斯伯里的教練也開始教導後起之秀新的過桿方法。時至今日，我們每四年就能在奧運會上看到每個跳高選手都採用福斯伯里的背越式過桿。回頭來看，對於熟悉這項運動的人來說，「福斯伯里跳躍」的發明完全合情合理。但在當時，很少有跳高選手膽敢違背主流。

以不同的方式思考，尤其是以不同的方式行事，確實會讓人感到不舒服。人類本來就是群聚動物。我們渴望成為人群中的一份子，融入其中。儘管愛好群聚對我們建立社會關係甚有幫助，但它也是我們創造財富時可能遇見的最大障礙之一。

一般人很容易過度消費，依賴舉債，受亂無章法的投資習慣所害，這些都是個人理財領域的常見情況。為了好好管理你的資金，你有時必須採取「福斯伯里跳躍」的思維，就像在反擊傳統過竿方法一樣，以異於眾人的方式思考。一開始可能會很痛苦，但往往是取得重大進步的第一步。

根據紐約聯邦儲備銀行（Federal Reserve Bank of New York）的資料，截至二〇二三年第一季，美國人的信用卡債務總額將近一兆美元，這是紐約聯邦儲備銀行自一九九九年開始追蹤信用卡債務以來的最高峰。如果這樣算「正常」，你應該勇於當個「不正常」的怪人。

當你的朋友、家人和那些討厭的鄰居炫耀他們的跑車、華麗玩具和新船時，你當然也會覺得自己好像少了什麼。然而這些奢侈品，尤其是價格高昂的商品，只有在你奠定穩健的儲蓄和投資基礎之後才應該出現。不斷使用信用卡，最後破產，並不能改善你的財務狀況。「福斯伯里跳躍」的思考方式是專注於未來的自己，而不是你的熟人和他們擁有的新玩具。

還有什麼會讓你與眾不同？

編列預算。

雖然只有金融書呆子才會真心喜歡使用試算表和應用程式來追蹤收入和支出，但是為了讓我們的錢站穩腳跟，編列預算是我們不得不吞下的苦口良藥。二〇一八年的一項研究發現，三五％的受訪者會忘記在信用卡款到期前付款。只要追蹤你的現金流入和流出，就能讓你的理財之路走得更順。[128]

在投資界，也能看到人類與生俱來的從眾感。《投資前最重要的事》（*A Wealth of Common Sense*）作者班・卡爾森在書中提到：「聯準會進行的一項研究……調查一九八四年至二〇一二年近三十年間共同基金的資金流入與流出情況。不出所料，他們發現，大多數投資者在市場大幅漲價之後將資金投入市場，在遭受虧損之後將資金撤出——完全是一種高買低賣的災難性策略。」

我們可以站在一旁嘲笑這種在股市追高的次等方法，但它卻是大家都很容易上當的陷阱。在這種情況下，反其道而行其實比你想像的更容易。與其試圖把握市場時機，只想選在低點買進，並在你認為股票漲得太高時賣出，不如採取更簡單的方法，設立一個定期投資計畫，例如，每兩個星期或每個月買一次，這樣就足以擊敗大多數的投資者。雖然這不是比賽，但只要避免讓股價波動打亂你的投資常規，你終究會贏。

無論是管理債務、編列預算，還是投資，大多數人處理金錢的方式其實都不是最好的辦法。因為你天生就有融入社會的習慣，但要創造富足的生活，你必須與眾不同。迪克・福斯伯里證明，追求長期的成功可能代表你必須承受短期的痛苦和社會大眾的嘲笑。走上人跡罕至的小路需要很大的勇氣。在市場中，要以任何有意義的方式保持方向正確，都需要勇氣堅持不同的觀點，並在別人做錯時相信自己是對的。

關於如何在配置資產和做出投資決策時保持正確，一些最有才華的金融學家已經寫過數以千計的書籍，但卻沒有充分的研究和利用勇敢、大膽，甚至擁抱怪異的想法。當個怪人吧！讓我敬你一杯。

你的人生富足嗎？先看看你的朋友

當一家公司或其主要產品變得無所不在，提到該公司或產品名稱，就可以代表整個產業類別時，這個品牌就算塑造得非常成功。

就像當我們想查詢資料時，不會說「去搜尋引擎上發問」，而會說：「你直接去 Google 一下吧！」當我感冒的時候，我不會請別人遞面紙給我，我會說：「給我一張舒潔（Kleenex）。」我的孩子們超喜歡吃Jell-O*果凍，若我問他們要不要來幾盒「明膠甜點」，我懷疑他們根本不知道我在說什麼。如果有人說需要你的約翰．漢考克（John Hancock），代表他是要請你在上面簽名。※

漢考克為什麼變成簽名的代名詞呢？這個故事相當引人入勝，同時也展現社會認同（social proof）的力量確實可以改變人生。

---

*譯注：美國著名零食品牌之一。

※編注：約翰．漢考克是美國獨立宣言的第一位簽署人，他的簽名非常大且醒目，因此成為美國文化中「簽名」的代名詞。

在《美國獨立宣言》上簽名的五十六個人都知道，如果事情沒有按照他們的計畫發展，他們等於是在簽署自己的死亡證明。這個現實在文件上也展現得清清楚楚，上面寫著：「為了支持這篇宣言，我們堅決信賴上帝的庇佑，以我們的生命、我們的財產和我們神聖的名譽，彼此宣誓。」

他們願意為此而死，也願意為此失去所有的財富。

在一七七六年美國十三州擺脫英國殖民統治的過程中，社會認同發揮關鍵性的作用。這種心理現象指出，如果我們看到其他人採取某項行為，我們做出同樣行為的可能性就會提升，因為大腦會在觀察到的行為中尋求驗證。約翰・漢考克是大陸會議*主席、《獨立宣言》的第一位簽署人，他巧妙的利用這種心理偏誤。他搶先以又大又粗的字體、醒目的簽下自己的名字，強烈暗示他已經將性命豁出去，向其他尚未簽署的代表傳達堅定的信心。如此一來，等同對房間裡的其他人提供社會認同，讓大家明白，漢考克是認真的。果然，這招奏效了。

他的同儕感到安心，受到漢考克的影響，確信自己做出正確的決定，於是一個接一個上前，在文件上簽下自己的名字。漢考克著名的簽名形成社會認同，在其他五十五位代表之間建立團結一致的氛圍，鞏固他們追求獨立的決心和堅定不移的立場。十三州的人民同樣受到鼓舞，也讓國際社會注意到這件事。

社會認同之所以有效，是因為人類是群居動物，這也是演化上使我們能夠建立偉大文化和文明的真理，但這也表示我們在很大程度上會受身邊他人的行為影響，不論好壞。

二〇〇七年尼古拉斯・克里斯塔基斯（Nicholas A. Christakis）和詹姆斯・福勒（James H. Fowler）發表的論文中，使用弗雷明漢心臟研究（Framingham Heart Study）這個史上規模最大、時間最長的健康研究資料庫。兩人的結論是，最能預測一個人是否會肥胖的指標中，其中一項是在控制其他重要變數的情況下，周遭的人是否肥胖。根據研究人員的分析，體重嚴重超標會在人與人之間潛在傳播，可將其視為導致流行病惡化的因素之一。只要你有一個超重的朋友，你變胖的可能性就會增加五七%；如果你的兄弟姐妹最近體重顯著增加，你步上後塵的可能性也會增加四〇%。同樣的，如果配偶一方變得肥胖，另一方變胖的可能性也會上升三七%。[129]顯然，我們的健康會受身邊人際關係和互動的影響。

社會認同也可以為生活中面臨各項挑戰的兒童和青少年創造奇蹟。「美國大哥大姐會」（Big

＊譯注：一七七四至一七八九年間美國十三州組成的臨時聯合會議，為美國國會的前身。

Brothers Big Sisters）是一個著名的非營利組織，為美國和加拿大的年輕人提供輔導計畫。一九八八年進行的研究發現，身邊有積極指導員的年輕人，呈現較高的教育程度和經濟自給能力。與對照組相比，有指導員、十至十六歲的兒童日後使用違禁藥物、打人或逃學的情況減少許多。在家裡，兒童和青少年身邊有積極正向的長輩也有好處，他們與家庭成員的關係會更好，並且在剛成年時普遍的更有自信。[130]

你應該不太驚訝，在健身房和操場上行得通的方法，同樣也能用在工作場合。「企業社會資本與負債」（Corporate Social Capital and Liability）的研究中，清楚說明企業內部人際關係對企業績效的影響。一個人如果融入以信任、資訊共享和合作為特徵的高層級社會資本交際圈，更有可能獲得寶貴的資源，例如：金融資本和商業機會，從而帶來更好的財務成果。

但是，社會認同能雖然能夠提升利他行為和職場表現，它同樣也可能導致意想不到的負面後果。其中一個就是經由媒體報導所引起的自殺行為模仿現象「維特效應」（Werther-Effect），它強化媒體對弱勢者的潛在影響，讓弱勢者在接觸到詳細或駭人聽聞的自殺描述後，更容易產生自殺的想法和行為。

二〇〇七年出版的研究《「維特效應」：是傳說還是現實？》揭示社會認同的力量。該研究描述一套奧地利發布的媒體報導自殺案指南，自一九八七年起，它就被當成實驗性自殺防治措施的一部分。該指南提供一個架構，讓新聞單位以負責任和敏感的方式報導自我傷害的相關主題，目的在於將引發模仿自殺的風險降至最低。

這份新的媒體報導指南的效果顯著。剛開始實施六個月內，地鐵自殺和自殺未遂事件就減少八〇%。從更廣泛的觀點來看，這份敏感的媒體報導指南成功影響個人行為，維也納的自殺死亡人數與實施前的一九八〇年代中期相比，下降四〇%，這就是最好的證明。該趨勢顯示，奧地利的媒體報導指南對防範自殺行為產生正面影響。[131]

現代社會普遍認為，一個人是什麼樣子，可以從他五個最親密的朋友是什麼樣子看得出來。由此可見，朋友是多麼的重要，所以我們必須明智的選擇自己的朋友。克里斯塔基斯和福勒做完前述的肥胖研究之後，又進行另一項後續研究，兩人得出的結論是：如果你有一個吸菸的朋友，你吸菸的可能性就會增加六一%。除此之外，如果朋友的朋友吸菸，受試者吸菸的可能性會增加二九%；若是第三層關係（third degree of separation）*，受試者的吸菸風險則會增加一一%。[132]

---

*譯注：透過三個人建立的關係，也就是朋友的朋友的朋友。

另一方面，這項研究也顯示，快樂可以經由社交網路傳播。如果受試者朋友的朋友的朋友對自己的生活感到滿意，那麼受試者感到快樂的可能性就會增加約六%。[133]如果我們相信自己活在世上很孤獨、凡事都只能靠自己，我們就無緣利用社交網路鼓勵自己活得健康、快樂、甚至擁有富足的力量。

人類的社會性讓我們能以動物界其他生物難以想像的方式進行合作，但這也表示我們常常和周圍的人一樣好、一樣壞、一樣快樂或一樣悲傷。在意識到社會認同和社會傳播對整體健康、財富和幸福的影響力後，想要尋求充實和富足生活的人更要注意如何選擇朋友。相對的，將心比心，我們也要成為真正的良師益友，展現支持和鼓勵對方的特質，對朋友產生正向的影響。如此一來，才能啟動深遠、積極的良性循環，彼此扶持，走上幸福之路。

有錢人沒有你想的那麼幸福

長久以來，美國人一直以「趕上瓊斯家」（Keeping up with the Joneses）*來形容喜歡拿自己與他人進行比較的傾向。這句俗語的起源眾說紛紜，但對於它為何成為美國人理財用語的一部分，有一些可能的解釋。

有理論認為，「趕上瓊斯家」一詞出自二十世紀初的四格漫畫《趕上瓊斯家》。滿合理的。這部漫畫在《紐約環球報》（*The New York Globe*）副刊連載二十多年，直到一九三八年才結束，連載期間也有不少其他報紙轉載。這部連環畫描繪麥金尼斯（McGinnis）一家和他們永無止境的物質追求，他們的目標在於過得比從未在漫畫中出現過的鄰居瓊斯一家人還好。

另一種猜測是，「瓊斯一家」指的是一個擁有前華友銀行（Chemical Bank）大部分股份的富裕紐約家庭。這家人在哈德遜河谷（Hudson Valley）建造遠遠超出典型美國住宅的別墅，富麗堂皇，

＊譯注：英文直譯為與他人攀比的意思。

令人難忘，所以大眾對這個富裕的家庭充滿羨慕之情。這個解釋也很合理。

又或者，可能因為瓊斯是一個很常見的姓氏，大多數美國人都認識幾個姓瓊斯的人，因此表示總是有人比你錢更多、房子更大、玩具更高級。

無論這句話的來源為何，我們都可以將自己的財務問題歸咎瓊斯。這個慣用語提醒我們，與他人比較是人性的缺陷，尤其是與我們每天都會見到、互動的人比較。金錢上的不安全感導致我們拚命競爭，不懂珍惜現在所擁有的。

還有一件事是肯定的。研究顯示，瓊斯一家人過得並不幸福。

「趕上瓊斯家」是談論物質主義的慣用語，物質主義有三個容易分辨的組成：占有欲、不慷慨和嫉妒[134]。

占有欲描述我們傾向於努力控制有形資產、難忘經驗、對我們或他人重要的象徵。當我們透過圍牆柵欄偷窺鄰居，或更現代化一點的瀏覽 Instagram 和其他社交媒體，我們眼底的欲望通常因此顯露出來。

不慷慨完全符合「趕上瓊斯家」的概念，這點強調的是我們不願意與他人分享。就像幼童們爭奪一個玩具，卻對不遠處好幾十個一模一樣的玩具視而不見，成年人往往也會擺脫不了這種模仿行為，最終造成整體社會的不快和疏離感。

最後，**嫉妒**可能是這三個組成部分中最糟糕的一個，導致我們對他人的成功和幸福徹底不滿，甚至產生惡意。當我們在別人家中看到名牌商品，或在別人家的車庫裡發現很拉風的汽車，就很容易產生這樣的感覺。任嫉妒發展至極端時可能會導致破壞行為，以犧牲他人為代價來提高自尊。

雖然從表面上看起來，物質主義相當不錯，畢竟誰不想要一個裝滿好車的車庫？但是物質主義的體驗卻比人們想像的還要黑暗許多。

針對二百五十九個不同的獨立樣本做研究，會發現看重物質「與較低的幸福感有顯著相關」，並且是滿足心理需求的不良方式。同時在不同的人種、參與者和文化因素中都成立。[135]另一個包含九十二項研究的統合分析發現，個人追求的目標是成長、社會參與、奉獻和健康的人，幸福感明顯高於追求財富、名聲或美麗的人。

這裡的重點是，專注於與個人成長、改善人際關係、社會參與和健康相關的內在願望，愈有可能快樂得更久。[136]下次社區聚餐時，不妨把這個消息和你的鄰居分享。

為了跟上別人家的腳步，需花費的精力同樣會讓你感到疲憊。一九九三年凱瑟和萊恩（Ryan）發表的研究論文顯示，與優先考慮更多共同目標的人相比，優先考慮金錢相關價值的人幸福感較低。[137]追逐不屬於我們的東西不是一件好事，而且這也不只是美國人的問題。根據一項針對一百六十二個成年人進行的研究顯示，將物質看得較重的澳洲人，「對整體生活的滿意度較低」。[138]

到底為什麼「趕上瓊斯家」的現象如此普遍？

一九九八年，管理心理學家約瑟夫．瑟吉（M. Joseph Sirgy）提出關於過度看重物質生活對幸福感有害的見解。論文是這麼說的：

> 物質主義者對自己的生活水準永遠不會滿意，因為他們設定的目標過高且不切實際……物質主義者的理想生活水準期望會受到與遠端事物進行社會比較的影響……因此物質主義者會與看似收入更高、卻沒有付出更多努力的人比較。這些公平性的比較會使他們產生不平等、不公義、憤怒或嫉妒的感覺。[139]

想想在社交媒體和不受限的網路世界中，上述心態有多麼危險。我們輕而易舉就能將自己與全球各地炫富的人做比較，他們看似輕鬆就能獲得財富。在這個許多有影響力的人都是因出名而出名的世界裡，物質主義者可能會覺得，好像每個人都不費吹灰之力就能比自己富有。事實上我們並不了解鄰居和名人的真正生活，但我們還是苦苦掙扎，同時普遍忽略我們幸運擁有的一切。

我們可以合理假設，我們認識的人也同樣羨慕我們所擁有的生活。若能真正了解你羨慕的人的處境，可能覺得他們不再令人羨慕，反而變得有點可憐。一心想要激起他人的嫉妒，而非建立彼此的連結，這樣的渴望其實是一種孤獨的存在。

不過，人生還有希望的。以下是一些經實證可以提高幸福感的步驟：

1. **培養更好的人際關係：**與親友建立連結，有助於提升幸福感並減少物質主義的負面影響。下定決心與朋友和家人共度時光，同時減少使用社交媒體的時間。
2. **找到你的目標：**成就感通常來自於可以激勵我們的活動，以及能為點燃我們熱情的組織做出貢獻。幫助他人，並做出正面改變，可以重新掌控情緒和行為，擺脫物質主義的影響。
3. **練習感恩：**感謝你所擁有的一切，是不去窺探他人、不做比較的第一步。也許試著寫感恩日記，或以淨空心靈的冥想開始新的一天。
4. **活在當下：**過度看重物質生活通常源自於對美好未來的渴望。然而，將我們的注意力轉移到當下，就更有可能抑制我們因羨慕而產生的欲望。

5. 少買一點：清理多餘物品有許多優點。雖然我的房間擺滿古典吉他稍微違反這個原則，但採取「擁有少一點、生活簡單一點」的心態，或許可以抑制我們過於看重物質的生活方式。

以消費為導向的文化和永無止境的社交媒體，養大物質主義和令人存疑的比較欲望。但你不必成為占有欲、不慷慨和嫉妒的囚徒。與其爭先恐後的追趕比我們過得更好的人的腳步，不如改變心態，向過得沒有我們好的人伸出援手，並且在日常中隨時提醒自己懂得感恩。

預算反映你的價值觀

你有多喜歡海豚？若以一到十來評分，你覺得應該是多少？如果你和大多數人一樣，我敢打賭你會說介於八到十之間，對不對？聰慧的頭腦、優美的水中雜技、可愛的瓶鼻。有什麼理由不喜歡海豚呢？

不過，讓我們忽略膚淺的表象，透過觀察你的行為來評估你對海豚的真正喜愛程度：

- 你上一次畫海豚是什麼時候？
- 你最近曾捐款給海豚救援計畫嗎？
- 你最近是否曾與海豚共度美好時光？也許加入你最喜歡的海洋夥伴們，一起在海中游泳？
- 上個月你是否曾與任何朋友在交談時提起海豚？

哎呀！看來你對海豚並沒有想像中的那麼在乎呢！

在我的職業生涯中，曾經一度負責在銀行聘用高階主管之前和他們面談，確定他們是否會稱職。當我詢問求職者，為什麼要申請這份工作時，他們的回答幾乎不可避免的都是「我對這份工作充滿熱情」。由於這個答案太過普遍（對我來說，也太難以置信），我總會接著問：「太棒了。你可不可以從花多少時間來證明你擁有這份熱情？」通常他們會用受挫的目光瞪我，疑惑的停頓好幾秒。

你發現了嗎？熱情是會留下痕跡的。愛家人的最佳證據，不是你堅決主張自己有多愛，而是你與他們共度的時光。同樣的，你的個人預算是最能顯現你口中所說重視的事物，與你在生活中實際珍惜的事物兩者是否真的相同。

等一下我們會解釋為什麼，以及你可以做些什麼，讓你把錢用在心中最重要的人事物上。容我再給你一點打擊。

我們都聲稱自己重視健康，但我們的行為表現卻完全不是這樣。根據衛生福利部疾病管制署（CDC）的數據，每天都有超過三分之一的人在吃速食。[140]二〇一四年的一項研究發現，典型的美國人一年花費一千兩百美元購買速食。考慮到通貨膨脹，這個數字相當於今天的一千六百美元。雪上加霜的是，這項研究涵蓋的時間只有五十週，如果算足一年五十二週，則要再多花幾美元（以及腰圍再增加幾公分）。我們可能聲稱自己追求健康飲食，但人們實際的支出數據所呈現的，卻是完全不同的風貌。

充滿活力的美國人也表示自己重視工作與生活的平衡，並聲稱理解擺脫朝九晚五的喧囂忙亂的重要性。皮尤研究中心的調查顯示，八九％的員工表示雇主為他們提供充足的帶薪休假「異常重要」或「非常重要」。[141] 然而，平均每人每年的未使用休假時數卻高達九．五日。[142]

難道我們都是一群不誠實的騙子嗎？還是我們其實有更深層的問題？

實際上，無論男女老少、富有貧窮，每個人都有如何將支出和儲蓄與我們所聲稱的價值觀互相匹配的問題。最重要的是，我們分配資金的方式完全反映出我們心裡真正的優先事項。我稍微改一下饒舌歌手 Jay Z 的歌詞：「男人會說謊，女人會說謊，預算不會說謊。」

這種明顯的行為缺陷，可追溯至心理學家所說的「基本歸因錯誤」（fundamental attribution error），這是一種認知上的偏差，導致我們將他人行為歸因於他人的內在性格或特質上，將自己的行為歸因於外在因素。換句話說，我們將成功歸功於自己，並將失敗和缺陷歸咎於他人。

有一個我喜歡的例子是，你下班後趕回家，但卡在混亂的交通中，假設高速公路上有個魯莽的人衝動的超車，你很容易會不顧任何可能的情境，將那個司機視為徹頭徹尾的壞人。但如果是你在匆忙中不小心跟車跟得太近，甚至故意超速，你會覺得自己只不過是想趕快回家、與家人團聚。

基本歸因錯誤指出，我們如何傾向於根據他人的行為來評價他們，卻用美化過的柔焦濾鏡（通常以不切實際的正面角度）來看待自己。問題是，生活不會以你怎麼想的來獎勵你，它只會根據你做的事給予回饋，而你的預算則清楚顯示你想要做什麼。

正因為這樣的盲點，別人可能比我們更了解我們。基本歸因錯誤的相關研究強調，個人經常會調整自己對現實的看法，好讓它符合心中的自我形象。[143]不過，我們身邊潛伏一個最了解我們的東西（而且就在觸手可及的範圍），那就是我們的支票本。

所以，幫我一個忙：選擇你最認同的三個價值觀。如果你不確定怎麼選，可以利用線上資源或應用程式幫忙，例如，我很喜歡作家詹姆斯．克利爾編寫的核心價值清單。找出你心中的前三名之後，調出你上個月的預算表或信用卡對帳單。接著，想像你進入財務告解室：

- 如果你說自己重視精神層面，是否有將收入的十分之一捐給教會或慈善事業？
- 如果你說自己重視個人成長，你是否正在接受心理治療或投資在個人深造上？

• 如果你說自己將孩子們視為珍寶，你是否從工作中抽出足夠的時間，在孩子們長大前與他們共度美好時光？

你很可能對自己的身分認同和價值觀撒了謊。是的，每個人都會這麼做。

然而，透過消費習慣的放大鏡檢視自己，可以快速且確切的反映真實自我，並為我們指明一條真正能讓自己變得更好的道路。

消費就是一種投票

你花錢的方式，就是在為你想要的世界投票。

我出生在阿拉巴馬州，一直很喜歡一位帶領我的家鄉進行重大改革的民權領袖。我對金融史尤其熱愛，因此我對歷史長河裡美國南部如何利用經濟手段實現社會變革特別感興趣。

黑人羅莎．帕克斯（Rosa Parks）拒絕讓座給白人所引發的「聯合抵制蒙哥馬利巴士運動」（Montgomery Bus Boycott）能夠成功，正是因為它利用個人勇氣和經濟壓力來促進改革。在高中的社會課，學生通常會將抵制行動視為民權運動中的重要時刻，卻經常忽略抵制行動的經濟背景。

一九五五年十二月，卑微的裁縫帕克斯因違反種族隔離法在蒙哥馬利被捕，儘管她沒有惡意，但她的行動卻在沒有發生任何衝突的情況下，引爆反種族歧視的風潮。非裔美國人社區領袖立即出錢出力的支持。喬．安．羅賓遜（Jo Ann Robinson）和名為馬丁．路德．金恩的年輕牧師組織全城抵制蒙哥馬利公車系統的活動，挑戰大眾運輸的種族隔離政策。由於非裔美國人占該市公車乘客的七五％，抵制活動的成效非凡。他們當中有許多人聯合起來，以共乘、搭乘非裔美國人開的計程車，甚至乾脆步行，攜手度過這個難關。

憑藉堅定不移的決心與和平的意志，他們的抵制行動沉重打擊蒙哥馬利公車系統的金庫。在公車收入銳減的同時，金恩博士和其他社區的領袖更是對大眾交通的種族隔離政策的合憲性提出法律挑戰。經過一場聯邦訴訟，最高法院認為，該市的行為違反第十四修正案的平等保護條款，宣布公車實施種族隔離政策確實違憲。由於聯合抵制蒙哥馬利公車的運動，引發其他非暴力抗議活動，進一步推動民權運動，因此全美各地都感受到這場勝利的迴響。

蒙哥馬利市民運用他們的集體經濟實力，對該市的公車業者造成嚴重的財務打擊，努力促成正面的社會變革。抵制行動證明消費者運動有為社會進步鋪路的潛力。你的金錢可以為你支持的信念投票，並具有深遠的影響力。

這不是展現經濟如何成為促進全民福祉的工具的唯一例子。美國殖民時期的《印花稅法》（*Stamp Act*）和隨後的波士頓茶葉黨（Boston Tea Party）就是另一個好例子。

英國議會於一七六五年通過《印花稅法》，以支付英國在七年戰爭期間駐紮在殖民地的軍事費用。該法案要求殖民地居民必須繳納印花稅，大至重要文件、小至撲克牌無一例外。殖民地居民認為，他們沒有國會代表卻要被課稅，因此拒絕購買被徵稅的進口商品。這個反抗行動的開端預示未來更多事件的發生。八年後，最具代表性的其中一項抵制行動展開。英國政府的《茶葉法案》賦予英國東印度公司壟斷茶葉貿易的特權，美國殖民地居民團結一致，堅決抵制英國茶葉。人們情緒沸騰，引爆著名的波士頓茶葉事件。

我們可以說，美國歷史根植於金錢的力量。不過，美國並不是唯一利用經濟來推動漸進式社會改革的國家。

在爭取印度獨立期間，聖雄甘地的領導進一步證明經濟抗爭能產生革命性的影響。甘地發起「卡迪運動」（Khadi Movement）*，抵制英國紡織品，並鼓勵同胞選擇家紡衣物當成支持印度獨立的象徵。更令人印象深刻的是，他不顧英國對製鹽的壟斷和高額關稅，踏上前往阿拉伯海將近四百公里的征途，利用海水產鹽。印度人民不屈不撓的精神和爭取獨立的決心清晰的展現在世人眼中。

南非在種族隔離期間出現的撤資運動，在強制執行有系統的種族隔離與歧視政策的情況下，成為向統治者施加經濟壓力的一種手段。南非公民試圖破壞經濟穩定，提高國民對於不公現象持續存在的認知。除此之外，在國際舞台上抵制體育活動，也成為挑戰種族隔離制度的有力方法。像是橄欖球和板球比賽被視為活動人士與壓迫政權之間的決鬥。各地的抵制運動削弱控制者的權力，展示全球團結一致反對種族壓迫的決心。

看到從伯明罕到開普敦偉大且全面的經濟行動，進而引導社會進步，我們很容易以為自己的行動相對來說沒那麼重要。然而，事實上，你所花費的每一分錢，都像是一張有力的選票，可以決定你想要生活在一個什麼樣的世界裡。

美國人有幸可以每四年投一次總統選舉；在墨西哥，每六年選一次；在法國，每七年選一次。無論你居住的地方的改選頻率為何（大多數國家是三至五年一次），你可能會花大量時間去了解各個候選人、研究他們的政策，然後將選票投給最能展現你的信念的候選人。其實我們每天都遇到無數的機會，可以在消費選擇中做同樣的事情；然而，大多數人卻會不假思索的放棄這樣的機會。

下面提供你一個簡單架構，使你的消費與你的價值觀一致。也許你無法像羅莎．帕克斯那樣改變世界，但採取一些小的財務手段，你也能離你希望看到的世界更近一點：

• **意識到自己在投票**：你在消費時，其實都是在投下一票，無論自己是否有意識到。我認為，人

＊譯注：鼓勵印度人民開始自己紡織、編織，穿著在地、自身製作的衣物。

們並沒有完全理解這一點，常常不假思索的點擊「加入購物車」，卻沒想過每次購買行為都會產生些微的後續影響。

- **檢視個人消費習慣**：仔細檢視每個月的資金流向。省思你的選擇是否符合你的價值觀和你渴望支持的世界。
- **自我教育**：不需要瘋狂蒐集資訊，但至少要了解你購買的品牌的經營方式、策略和價值觀。
- **支持與你擁有相同世界觀的公司**：有些企業積極推廣和展現你所關心的志業，你應該成為它們的顧客，無論是為了維護家庭價值觀、支持女性、公平的商業行為，還是善待動物。
- **支持在地企業**：支持在地企業的好處是，相較從跨國公司購買商品，地區性的消費往往可以為你所在的地區帶來正向循環。根據個人理財公司 NerdWallet 的小型企業借貸平台 Fundera，小公司在當地每花費一百美元，就能帶來六十八美元的經濟效益。[144]
- **參與股東投票**：投資者應考慮行使股東權力，將資金投入與他們價值觀一致的上市公司。代理投票權和額外參與，能讓股東將權力握在手中。

事實上，資本主義的核心與靈魂取決於你我。資本主義只要運用得宜，就會擁有巨大的正面力

量，甚至可以說，沒有任何制度能比資本主義更能幫助人們脫離貧窮。然而，從另一個角度來看，資本主義是不具道德的，它只對你、我、它的管理者和領導者的行為做出回應。永續包裝、公平貿易認證產品、有機食品、不使用動物實驗的化妝品、電動車等……這些都是市場對消費者聲音的回應。儘管美國選舉的投票率通常只有六成，但是其實每個人每天都在投票，而且發揮的力量同樣強大，只不過往往不為人知。

你可以在消費時選擇有意識的投下你認同的一票，或者只是無意識的花錢。但現實是，不論你有意識或無意識，你都在投下自己的一票。請睜大眼睛，善加運用這股力量。

愈值得的投資愈有風險

「很崇高的目標，赫伯。」

「嗯，盧，這就是我為什麼想挑戰它。」

一九八〇年，紐約州普萊西德湖（Lake Placid）舉辦的冬季奧運會以「冰上奇蹟」聞名。赫伯・布魯克斯（Herb Brooks）教練所帶領的美國冰上曲棍球隊缺乏經驗，主要成員全是大學生，其中大多數甚至連被稱為職業新秀的資格都沒有。他們的對手是占盡優勢、四度衛冕金牌的蘇聯隊。將它比喻為「大衛對抗巨人歌利亞」*也不誇張。

我這一代更熟悉的故事版本可能是二〇〇四年好萊塢以此事件改編的賣座電影《冰上奇蹟》（*Miracle*），但由傳奇體育主播艾爾・麥克爾斯（Al Michaels）實況轉播的那一場偉大準決賽，嬰兒潮世代和他們的父母都有幸躬逢其盛。美國冰上曲棍球隊能夠堅持到準決賽已經是激勵人心的傳奇，不過，布魯克斯的目標則是創造歷史。

布魯克斯採取不尋常的做法，即使遭受同行的嚴厲批評，也對自己的計畫充滿信心。從冬奧之前到整個冬奧期間，布魯克斯都對他的球員進行嚴格的訓練。他針對準決賽制定一個大膽的比賽計畫，其中包括某種冒險策略。面對令人畏懼的蘇聯隊，他不採取保守打法，也不試圖減少對陣時的失誤，而是鼓勵他的年輕隊員激進且有勇有謀的冒險。

美國隊的開局並不順利。蘇聯隊率先得分，但美國隊隨後扳平比數。直到最後決定性的一球擊出之前，兩隊來回激戰，纏鬥不休。隊長麥克・埃魯齊奧內（Mike Eruzione）在最後一局中段時攻入一球，為地主隊取得領先。在年輕球員度過生命中最漫長的十分鐘後，體育主播麥克爾斯激動的大聲歡呼：「你相信奇蹟嗎？我相信！」這句話後來成為被引用無數次的名言。

美國隊的勝利不僅來自上天的眷顧。布魯克斯是一名經驗豐富的教練，他知道對抗擁有世界頂級球員的蘇聯隊，只靠防守和保守的戰略是行不通的。為了有機會贏得金牌戰的門票，他必須激勵隊員在比賽時大膽的向蘇聯隊進攻，專注在攻勢上。布魯克斯認為，這是最好的辦法，唯有如此才能維持球員的動力，撐滿三局。事實證明，面對逆境時，心中無所畏懼是最正確的態度。這支處於劣勢的隊伍取得勝利，之後又順利摘下奧運金牌。

＊編注：牧童大衛勇敢擊敗巨人歌利亞的故事，表示以小搏大、以弱勝強。

一九八〇年，美國奧運代表隊贏得冰上曲棍賽的冠軍，其實與我們想獲得財務和生活上的成功有許多相似之處。兩者都必須抱持雄心壯志，承受精心計算過的風險，才得以創造出我們想要的未來。

首先，必須確定是「什麼」讓生活變得有意義。根據皮尤研究中心（Pew Research）在二〇二一年針對十七個已開發國家中一萬九千名成年人進行的調查，職業和物質條件是決定生活是否有意義的最常見因素。[145]三八%的受訪者認為，家庭和子女最重要；其次是職業和事業。排在中間的是自由和獨立，以及嗜好和娛樂。

我們很容易就能想像，擁有充滿愛意的家庭、報酬豐碩的職業和悠閒週末活動的生活，光想就能讓人覺得溫馨。這樣的生活，加上靈犬萊西和郊區的白色柵欄，基本上就是完美的美國夢。但為實現美國夢而拚命努力，並不表示它會免費從天而降。生活中決定幸福和滿足的所有關鍵要素，都需要一定程度的冒險才能達成。

結婚，是最危險的事情之一。根據美國心理學會（American Psychological Association）引用美國國家健康統計中心（National Center for Health Statistics）的數據顯示，新婚夫婦撐過結婚二十週年的機率和擲硬幣相同。專家普遍認為，四成到五成的婚姻都會以離婚收場。[146]從機率上來看，可說是相當不樂觀。中年時期的幸福感降至最低，其中，離婚絕對是主要原因之一。

如果你厭惡風險，那就不要想撫育下一代。家裡出現額外人口肯定會耗盡你的錢財，還會將病毒帶回家。布魯金斯學會（Brookings Institute）估計，在美國，從孩子出生到十七歲的總撫養成本超過三十萬美元。[147]除金錢之外，根據估計，美國有超過兩千兩百萬的成年人曾經「被挑撥、疏遠父母中的某一方」，也就是他們在童年時期受到父母之間持續衝突的影響，甚至被操控，對其中一方產生敵意。[148]

並非所有人都會結婚生子，但每個人都必須面對工作上的風險。有四成員工在一生中至少遇到一次被解雇的經驗。[149]人到中年，除了婚姻問題、照顧年邁的父母及其他責任之外，突然失去工作往往導致壓力劇增，與滿足感漸行漸遠。朝九晚五的工作四十年、再領取豐厚退休金的時代已經一去不復返。現今的就業情況更加嚴峻，Z 世代*的就業情況更是雪上加霜，他們在職業生涯中預計可能更換十七次以上的工作。[150]

如果你真的想挑戰置之死地而後生的可能性，就去創業吧！美國勞工統計局的數據顯示，大約

*譯注：指一九九七年至二〇一二年間出生的人。

五分之一的新創公司在第一年就宣告失敗，大約一半的新創公司則在兩年後倒閉。能撐過十五年或更久的公司僅占四分之一。[151]

假設你與夢想中的伴侶結婚，擁有兩個很棒的孩子，並且有一份報酬豐厚的職業。你想盡早實現財務自由，機會仍然相當渺茫，因為只有二%的美國人擁有超過百萬美元的淨資產。[152]借貸俱樂部在二〇二三年的調查中發現，超過六成的美國人一旦失去薪資來源就活不下去。[153]即使是高收入人士，也有四成的人沒有任何存款。因此，即使你看到鄰居開著一輛全新的 Range Rover 進進出出，他們的財務狀況可能其實並不樂觀。

我還能再舉出更多的例子，但我想你已經明白我的意思。你所追求每一段有意義的關係、創業和目標，都有一定程度的風險。市場和投資也是如此。

一夜致富成為百萬富翁的機遇極為罕見，在一年裡突然大賺百萬也很罕見。比較常見的是，透過數十年穩定且不斷成長的收入、儲蓄和投資一定比例的薪資、控制固定成本，以及不陷入炫富、高攀的行為陷阱，最終取得財務上的成功。

投資，一定要膽大心細。不妨向造就冰上奇蹟的赫伯·布魯克斯教練學習冒險之道。根據投資專家布瑞森（Brinson）和西格（Singer）的共同研究，一個人投資報酬的波動，有九〇%可歸因於資產配置。換言之，你決定承擔更多或更少財務風險，將是影響報酬的最大原因。保留太多現金，或過於保守的持有大量債券，都可能讓你無法取得長期的財務成功。最糟糕的結果是，你發現自己沒有足夠的積蓄，而且為時已晚。因此，以長遠的角度來看，你現在對投資組合的風險規避可能導致幾十年後面臨此生真正最大的風險。

你必須像布魯克斯教練一樣，知道該如何聰明的承受風險，並認識在又溼又滑的投資溜冰場上什麼情況可能讓你跌倒。我們應該這麼做：

- **做出明智的財務決策**：聰明的風險承受者不會看財經電視或閱讀雜誌挑選最新的熱門股票。明智的理財之道需要不跟風投資的定力，以及高度的謙遜。定期將錢存入退休帳戶和醫療預備金帳戶，不斷提高儲蓄率，避免仰賴高利率債務，才能奠定堅實的財務基礎。
- **保持多元化**：精明的風險承受者會選擇低成本基金。他們並不會傲慢的認為自己有看準市場時機的眼光。相反的，透過指數基金或是低費用的主動式策略，擁有一小部分的全球股票市場，才是你贏得財務自由的最佳機會。
- **保持耐心**：要在退休金帳戶裡擁有百萬資產，需要經歷一段令人不耐的漫長等待。年復一年，常常讓你感覺在累積財富上幾乎沒有取得任何進展。因此，將眼光放遠就顯得特別重要。

想想你曾經做過、對你而言最有意義的事。我敢打賭，它一定經過某種程度的冒險、不確定性的考驗和努力，才得以實現。就像承受所有風險，這也是一個寶貴的教訓：努力追求確定性的人，只會注定平庸。

想一想，有人為了避免心痛而堅持單身，結果只能擁抱孤獨。或者，夢想成為企業家的人，卻從來不敢放手一搏，最後把自己的職業生涯全浪費在討厭的工作上。**過度執著於規避損失，諷刺之處就是，我們愈想控制風險，愈容易讓最害怕的事情成真。**

永遠都要先設想最壞的情況

二〇〇七年至二〇〇九年的全球金融危機中，幾乎沒有哪個產業能倖免於難，每天可見大規模裁員、企業破產和股價暴跌的新聞。直到今天，投資者回想起那場災難，對於金融危機推遲他們的退休目標、抹去多年儲蓄和投資收益的切膚之痛，可能仍會感到不寒而慄。當時「恐懼」成為集體意識，不管是民眾或企業領導人都深受影響。

汽車業也不例外。石油價格和材料成本在二〇〇八年秋季前急劇上漲，更是讓情況雪上加霜，甚至可以說它受到的打擊比其他產業都還要嚴重。全球的汽車公司都被迫想出各式各樣的創意行銷活動來吸引預算吃緊的消費者。

令人驚訝的是，當競爭對手都在忍受需求急劇下滑，並再三向買家降低貸款利率時，韓國現代汽車（Hyundai）卻成功增加全球銷售量，同時提高品牌的正面知名度。[154] **這家韓國汽車製造商在如此嚴峻的經濟現實背景下，怎麼還能夠贏得顯著的市場占有率？**

訣竅在於為有意購買的車主事先排除最壞的情況。

除了注重安全性、可靠性和燃油效率的強大產品線外，現代汽車還採取一項突破性的新策略，就是「現代保證計畫」（Hyundai Assurance Program），它使現代汽車在同行遭受嚴重打擊時依舊得以蓬勃發展。現代汽車保證計畫被視為有史以來最大膽、最成功的行銷計畫之一，足以被載入企業史。現代汽車在相對順利的度過二〇〇八年後，還推出一個新版本計畫，允許失業的客戶無條件退還該公司的汽車，並承諾不會影響他們的信用評分，如此一來可以有效避免無力支付車貸這種最糟糕的情況。

現代汽車保證計畫一炮而紅，讓現代汽車在美國的銷售和市占率不斷攀升，還被《廣告時代》（*Ad Age*）雜誌評為「年度最佳行銷」。[155]

這項策略之所以如此成功，是因為它引起美國民眾的共鳴。在全球金融危機期間，人們擔心的不是多付幾個百分點的汽車貸款利率，失去工作的強烈恐懼才是一直糾纏心頭的惡魔。但現代汽車對民眾說：「別擔心，如果你失業，只要把車還回去就沒事了。」這句話成功紓解消費者的焦慮。現代汽車在美國汽車市場的市占率從二〇〇八年的三．一％躍升至二〇〇九年底的四．三％。[156]二〇二〇年三月至四月疫情大流行期間，現代汽車也果斷的讓這個計畫重出江湖。

現代汽車和許多成功的企業一樣，目標並不是慈善和利他主義，它們只是不想白白浪費一場「好」的危機。保證計畫善加利用人類傾向做最壞打算的心理。「天啊！如果我被裁員，可能會失去我的房子，我將會負債累累，我的汽車也會被收回。」這大概是全球金融危機期間人們心裡最常見的憂慮。心理學家將這樣的憂鬱稱為「災難化」（catastrophizing）。我們會過度放大潛在的問題，放大可能出現的錯誤之處，並低估自己處理這些結果的能力。災難化包括對未來的非理性想法和恐懼，導致我們執著於最壞的情況，妨礙當下理性的行動能力。

現代汽車的行銷團隊中一定有行為金融專家。他們不僅勇敢的在全球金融危機最嚴峻的時候推出這項策略，還不惜巨資在二〇〇九年超級盃轉播節目中購買廣告。就連它的名稱「保證計畫」都像一條溫暖的毯子，令人感到放心。二〇〇九年下半年，有七成美國人對現代汽車的品牌印象持有正面或中立的看法，行銷效果可見一斑。

讓我們把焦點拉回個人理財。當我們將注意力放在可能出錯的地方時，往往會很快偏離正確的理財路徑。這種沉溺於負面情緒的糾纏容易陷入惡性循環，導致在精神上愈來愈害怕，卻看不到解決的方法。

但是，我們還有另外一條路可以選擇。

就像現代汽車一樣，如果我們事先擺脫最糟糕的財務狀況，就能騰出空間來思考比較愉快的事情，同時避免可能的災難。要做到這一點，我們必須將一定比例的財富分配到專用的安全帳戶裡，確保自己有能力安然度過半年至兩年的市場蕭條時期，而且不需動用到其他資產。不妨將它視為個人的「理財保證計畫」。這個解決方案雖然簡單，但正如你將在下面看到的，效果可能異常強大。

這種設立安全帳戶的做法有時被稱為「目標導向投資法」（goals-based investing）。許多財務顧問已經普遍接受這樣的概念，將客戶投資組合的一部分指定用在達成特定目標和承擔特定風險上。安全帳戶通常和目標導向投資法併用，允許人們在投資組合的其他部分更積極的投資，因為人們知道即使遇到最壞的情況，自己已經預留資金。如此一來，即便熊市來襲，也比較不會在錯誤的時機賣出。

SEI投資公司（SEI Investments）是最早系統性的採用目標導向投資法的公司之一。它在全球金融危機前推出目標導向投資法的交易平台，對於我這樣的研究人員來說，時機非常剛好，讓我得以觀察目標導向的投資方法與傳統方法（將投資報酬率與市場報酬率比較）在行為影響上有何差異。畢曼布林克基金公司（Brinker Capital）創辦人查爾斯·威格（Chuck Widger）與我合著的《個人指標》（*Personal Benchmark*）中，我們清楚列出兩者面對金融危機時的區別。

在單一傳統投資組合中：

- 五〇%的人選擇完全清空其投資組合或至少出清股票投資部位，其中許多是沒有急需現金的高淨值客戶。
- 一〇%的人大幅調整股票配置，減少二五%以上。

在採用目標導向投資策略的客戶中：

- 七五%的人沒有做任何改變。
- 二〇%的人決定提高他們緊急需求帳戶裡的金額，但仍將長期資產帳戶裡的錢完全投入市場。

目標導向投資法消除最壞的情況後，進而帶來正面的投資行為。我可以合理假設，採用這種投資策略的客戶，對於安全帳戶足以幫助他們度過全球金融危機帶來的短期風暴具有信心。如SEI投資公司的雷爾（Rayer）所下的結論，最重要的發現是，「採用目標導向投資法的客戶比較不會驚慌失措，也比較不會在資訊不足的情況下隨意更改投資組合」。

就像現代汽車的保證計畫，因為我們害怕未知事物，總是對所有可能出錯的事反覆思考，目標導向投資法的運作原理即利用我們的行為模式，內建保護措施以提供保障。看到你的「整個投資組合跌掉一半，而且短期和長期資金都一樣慘」與「安全帳戶的報酬率穩定，只有長期投資報酬率慘淡」，兩者的感受當然天差地遠。在金融風暴時，SEI投資公司採用傳統配置的六成投資者會放棄或大幅減少股票投資，可是採用目標導向投資法的客戶卻更能意識到，他們的近期目標和財務責任不受二〇〇八年可怕的現實環境影響，因此表現得相對更好。

目標導向投資法是解決財務上潛在毀滅性問題的簡單方法。如果客戶看到劇烈震盪就感到恐慌，即使是用最複雜的演算法考慮市場行情機率、判斷最佳投資產品，這樣精心制定的最佳計畫仍然沒有任何意義。目標導向投資法巧妙的簡化看似複雜的投資流程，將投資組合分成不同部分，並為其中某些部分指定明確的用途和目標。

光是心理上對金錢「災難化」，就可能導致人們陷入無法擺脫的恐懼和羞恥的惡性循環。但是，如果我們將想像最壞情況的傾向結合幾個小步驟，先消除最壞的情況，就可以解放我們的心思和錢包，朝更大的目標邁進，並承擔適當的風險。建立一個安全帳戶，預留半年至兩年的現金或等價投資（取決於你個人的焦慮程度），就能減少因市場波動或失業等個人財務災難所帶來的強烈恐懼。

你知道自己有辦法滿足日常支出之後，就可以安心的把重點轉移到更具建設性的長期想法和行動上。這種更踏實的心態不僅得以實現更長期的計畫，也讓你有餘裕追求更大膽的財務目標。

這樣花錢，可以買到快樂

十九世紀末，美國出現幾個史上最具魅力、最有魄力的工業大亨。如果勇敢的企業家也刻一座總統山*，安德魯．卡內基（Andrew Carnegie）必然是雕像的人物之一。他一度攀上財富巨塔的頂峰，超越約翰．洛克菲勒（John D. Rockefeller），成為美國首富。人們看到卡內基及其家族便會習慣性的想到巨額財富和崇高的慈善事業，卻往往忽略他卑微的出身。

卡內基出生於一八三五年蘇格蘭的貧困家庭。在艱苦的經濟條件下，他的父親努力供養全家，卻總是入不敷出。他們下定決心借錢搬到美國，在一八四八年定居於賓州的阿勒格尼（Allegheny）。從那時起，小安德魯每天工作十二小時，每週工作六天，在一家棉紡廠負責換線軸，賺取相當於現代的每週四十二美元的薪水（這是經過通膨調整後的金額）。命運讓卡內基幸運的在正確的時間置身在正確的地點。阿勒格尼後來被匹茲堡合併，成為鋼鐵之城的一部分。卡內基的財富就在這座繁榮的城市和鋼鐵產業中一步一步鑄造而成。

然而，他的慈善哲學才是他留給世界最大的遺產。一九〇一年，卡內基將自己的鋼鐵公司出售給摩根大通（J. P. Morgan），自此之後，卡內基奉獻餘生給社會公益事業，他的慷慨到了令世人難以置信的程度。

卡內基對美國民眾最重要的貢獻也許是建立許多圖書館。他喜歡書，並從個人財富中拿出六千萬美元，資助全美一系列多達一千六百八十九個公共圖書館。[157]不妨想像一下，至今有多少孩子在卡內基圖書館愛上閱讀。

卡內基認為，教育對於建立更美好的世界至關重要。一九〇〇年，他捐出一百萬美元（相當於今天的三千六百萬美元），為匹茲堡創立一所技術學院。他想建造一所工人階級可以學習實用技能的學校。[158]

諸如此類的例子不勝枚舉。他在人道主義上的努力和對藝術的熱愛，表現在他協助建立卡內基英雄基金（Carnegie Hero Fund），以及許多紐約人和遊客最熟知的卡內基音樂廳（Carnegie Hall concert center）。他創立以推動全球相互理解和外交解決方案為使命的卡內基國際和平基金會（Carnegie Endowment of International Peace），藉此資助且提倡利他活動的參與。

以上例子只是呈現他慈善行為的一小部分。總括而言，他一生捐贈超過三億五千萬美元，相當

*編注：總統山座落於美國南達科他州基斯通附近，公園內有四座高達六十英尺、美國史上著名的前總統雕像。

於今天的一百億美元。他的影響力永垂不朽。我們全是他留下的遺產的受益者。卡內基的慈善事業可以用他最著名的一句話詮釋：「財富不是為了滿足我們的自負，而是為了養活飢餓的人，並且幫助人們自助。」他的一生也為他的另一句名言做出最好的表率：「死時富有的人，死得可恥。」

金錢讓安德魯·卡內基快樂嗎？

雖然我沒有機會親自問他，但答案似乎是肯定的。我的結論與他的財富多寡無關，反而與他選擇如何花錢的方式有很大的關係。金錢，如果使用得當，確實可以帶給我們快樂。

英屬哥倫比亞大學（University of British Columbia）心理學教授伊麗莎白·鄧恩（Elizabeth Dunn）和哈佛大學商學教授麥克·諾頓（Michael Norton）針對這個主題進行廣泛的研究。他們在合著的《快樂錢：買家和賣家必讀的金錢心理學》（*Happy Money: The Science of Happier Spending*）中，指出五個被證明在消費上能提供最大滿足感的心法：

1. 花錢買體驗。
2. 為他人花錢。

3. 花錢買時間。
4. 不過度重視物質。
5. 購買生活必需品。

金錢和快樂之間的關係很複雜，但是證據顯示，與累積有形的物品相比，我們投資在新奇有趣的體驗上愈多，生活過得愈好；如果能和朋友、家人一起行動，效果更佳。除此之外，像卡內基一樣貢獻你的時間、財力，通常會帶來平靜與快樂等額外紅利。不只對別人有利，對自己亦然。如果你身為父母，卻工作忙碌，請考慮雇用他人幫忙做家事等瑣事，這麼做實際上可以為你贏得更多與配偶和孩子相處的時間。

第四個心法與第一個有關。光是為了地位而追求物質財富，並不會多快樂。你只會剩下一堆壓力，而不是一顆充滿喜樂的心。擁有少許財富也能讓人過得長久，只要不必擔心入不敷出，就可以讓人內心平靜（太多人將這點視為理所當然）。

重點是，鄧恩和諾頓的結論強調：**我們如何使用金錢，最終會決定金錢怎麼影響我們的幸福**。

另一個從金錢中獲取最大快樂的祕訣是，當你完成一個重要的人生里程碑，或完成一件煩人的小事時，就要好好的犒賞自己。無論是選一家不錯的餐廳舉行家庭慶祝活動，還是在度過忙碌的一週後，打開你最喜歡的葡萄酒，專注於把小小的享受變成一種犒賞，會使它們變得更加特別。這也可能表示你能暫時減少某些方面的支出。

另一件你應該放在心上的事是：讓你的花費與你的個性保持一致。二〇一六年，桑德拉・馬茨（Sandra Matz）、喬・格萊斯頓（Joe Gladstone）和大衛・斯蒂爾韋爾（David Stillwell）的研究發現，性格差異決定能否增進幸福感的「正確」支出方法。研究人員分析七萬六千筆銀行交易紀錄，結論是，購買行為與其性格類型相符的人，擁有較高的生活滿意度。[159]因此，外向的人很可能會因為花錢加入社交俱樂部而大幅提升幸福感；但相反的，如果買了不適合的東西，比方昂貴的搖頭玩偶收藏品之類的，生活就不會得到改善。

我曾在本書前面大膽提出，金錢有時可以買到某種程度的幸福，除非你屬於不受金錢影響的少數人。我可真是勇敢啊！但事實證明，金錢買到幸福的能力確實有一部分掌握在我們手中；我們能不能體驗到快樂，則與我們選擇的花錢方式有很大的關係。

麥克・芬克（Michael Finke）博士曾在我的播客節目分享一個截然不同的觀點。根據他的說法，投資如昂貴汽車之類的物品，具有為退休生活帶來快樂的潛能，但也不是什麼車都可以，非得那些可以讓你進入汽車俱樂部世界的稀有汽車。正如芬克博士在節目中說的，帶來快樂和刺激的並非車子本身，而是這輛車帶來的志同道合的朋友，以及在夏日週六，一邊喝咖啡、一邊聊 V12 引擎的能力。

我們一次又一次的看到，最好的花錢方式是將錢花在發展我們更深一層的人性特質、以及鞏固與他人的連結之上。金錢可以為你買一棟與世隔絕的大房子和大片土地，它也能讓你有能力改善他人的生活、體驗新事物，並與擁有共同嗜好的朋友拉近距離。

選擇權在你的手上。你想用金錢來建立人際連結嗎？還是打算將自己隔離在金碧輝煌的孤獨牢籠之中？

最好的投資就是投資自己

瑪麗・安寧（Mary Anning）是十九世紀初的古生物學先驅。她因為在英吉利海峽沿岸發現侏羅紀海洋化石床而聞名於世。

在她因專業能力而聲名大噪之前，經歷極為艱難的成長過程，也由於當時僵化的性別刻板印象面臨無數的挑戰。她甚至還在十五個月大時被閃電擊中過，簡直令人難以想像。[160]

長大後的瑪麗・安寧對於蒐集化石產生濃厚的興趣，並在父親的指導下更上一層樓。然而，由於當時的女性教育狀況，她接受正規教育的機會非常有限。成年後的安寧面對社會的種種限制，阻礙她在學識和職業上的發展，當時女性能得到的機會實在非常稀少。她的內心渴望學習更多知識，在父親的幫助下，她以實地考察和獨立研究的方式取得豐富的古生物學專業知識；儘管在當時，一位英國女性追求如此嚴謹的學術興趣，實在非常奇怪。

接下來的故事可能會讓你覺得，自己雖然老大不小卻一事無成。

儘管瑪麗・安寧接受的正式教育不足，並且必須對抗嚴重的文化障礙，她還是在專業領域留下不可磨滅的印記。她發現許多海洋爬行動物，並在十二歲時（是的，十二歲！）挖出一具五公尺二十公分長的魚龍骨架；據說當時的人們都相信她挖出的是一頭怪獸。

瑪麗・安寧在職業生涯中陸續發現許多重要的化石，包括全世界第一個完整的蛇頸龍標本，使得人類對地質理論有更進一步的理解。日後科學界逐漸了解生物滅絕的概念、以及利用化石當作古生命存在的證據，她的發現和研究絕對是關鍵。儘管她的男性同儕一直打壓且低估她的成就，但安寧的研究仍被刊登在主要的科學刊物上，進一步鞏固她身為開創性古生物學家的地位。安寧去世時才四十七歲，但她的非凡故事仍吸引科學界和社會大眾的想像力。現代人不僅將她當成古生物學的革命者，更將她當成進步女性的先驅。

讓我們將畫面轉回現在和未來：如果你像安寧一樣面對艱苦的挑戰，你會如何發揮你的專業？為了打造更美好的未來職業生涯，你會在今天專注於哪些技能和特質？

瑪麗・安寧的一生成就非凡，她對科學做出極大的貢獻。她深知好奇心和不斷自我提升的重要性，即使在機會渺茫的情況下也從未放棄。儘管各種外在因素都對她不利，瑪麗還是把賭注押在自己身上，並且大獲全勝。你很快就會看到，這種態度對想要累積財富的人來說實為一大利器。

每次有人聽說我在金融業工作時，如果沒有嚇得尖叫逃跑，那麼就會提出非常相似的問題：

「你認為今年市場會如何？」

「你認為（ABC政治事件）會對市場產生什麼影響？」

「你認為（XYZ全球危機）會重挫市場嗎？」

先不討論根本不會有人知道真正的答案，我也不談投資成功與否決定於內部的現實面。這些人的提問共同點是完全超出我們的控制範圍。

這種「向外尋找」（looking outside）最有害的方式之一，就是試圖打敗市場。這點不難理解，畢竟證券交易似乎不需要任何實質的努力，就可以零成本完成，並且具有潛在的驚人上漲空間。每年都有少數股票一飛沖天，使得人們更想擠進投機遊戲裡，不顧一切的拋擲骰子。

然而，透過親自選股來創造出一大筆財富，幾乎對每個人、甚至是專業人士來說都是天方夜譚。標準普爾道瓊斯指數公司（S&P Dow Jones Indices）每年都會回顧主動型共同基金經理人相對於各自績效指標的表現——說得更正確一點，回顧他們的表現有多糟。截至二〇二二年底，九三．四%的大型股票基金未能追上、或超過標準普爾五〇〇指數過去十五年的總報酬率。[161]換句話說，受過專業教育、一輩子都在從事投資、而且擁有最頂尖投資工具的專業投資者中，僅有七%的表現優於市場。你怎麼敢說你穿著睡衣、利用筆記型電腦，就可以比他們還厲害？我的朋友，你再仔細想清楚自己的成功機率有多大？

不過請放心，還有一條更可靠的致富之路，我們可以參考瑪麗·安寧的經驗，也就是投資在自己身上。

雖然兩百年前很少人談論個人理財原則（當時應該也沒有理財大師之類的東西），但是至少現在的我們可以提供數字，讓你明白教育帶來的利潤有多豐厚。

美國高中畢業生的家庭年收入中位數約為五萬美元。拿到大學學位後的預期年薪約為十萬零六千美元；博士學位為十六萬兩千美元。現在，讓我們大膽假設，若每年以收入進行投資，報酬率可以達到一〇%，而且持續五十年，大學畢業生的帳戶價值將超過六百五十萬美元，會唸書的博士們則擁有將近一千三百萬美元。當然，我們沒有將學費和稅金等費用計算在內，但是我相信上述例子能讓你明白，投資在自己身上可能帶來的利潤高得令人難以置信。

雖然回學校上課、受訓是自我投資最直觀的形式，但你也可以採取其他行動來提升自己的幸福感。節食和運動、找個良師益友、寫日記、改掉壞習慣或接受心理治療，這些活動本身都極具價值，其中有些甚至還會帶來經濟報酬，使原本就有價值的事變得更有價值。研究證明，下列三種行為應該在你的財務規畫和投資決策書裡占有一席之地：

1. **定期運動**：根據《英國醫學期刊開放運動與運動醫學雜誌》（*BMJ Open Sport & Exercise Medicine Journal*）研究，有運動習慣的人每年可減少將近兩千美元的醫療保健支出。[162]
2. **接受心理治療**：許多男性會去交易迷因股（meme stocks）*，卻不肯去看心理醫生。然而，不管你對迷因股有沒有興趣，根據二〇一八年《歐洲經濟評論》（*European Economic Review*）發布的數據，定期接受心理治療被證明可使男性收入每年增加一二・四%。女性增加八・一%。[163]
3. **找到良師益友，或成為良師益友**：受到經驗豐富的同事指導的年輕員工，相較沒有受過指導的同事，獲得加薪和晉升的機會明顯更高。除此之外，高階管理人員和企業主若提倡在職導師計畫，還能從中獲得經濟利益。[164]如果你是《回到未來》（*Back to the Future*）的男主角馬蒂・麥佛萊（Marty McFly），趕快去找到你的布朗博士（Doc Brown）吧！※

無論是接受教育、改善心理健康、增強體能，還是得到良師益友的指導，各種自我提升都是通往更美好生活的可靠途徑。沒錯，做這些事情的同時，還能順便賺取更多的金錢。

我們經常尋求外部的靈丹妙藥來解決財務問題，希望找到完美的股票、把握市場時機，最好能讓我們毫不費力的實現財務自由。但是將我們的成功託付給巨幅波動的市場，就連常春藤名校出身的財務分析專家都無法掌控，你往往只會得到沮喪和失望。

真正的成功之道在於投資自己的個人成長和發展，進而掌控命運。為了規劃這條道路，請你問問自己：

- 我可以投資在生活中哪些領域以促進自己的成長？
- 自我提升的愉快途徑是什麼？
- 我可以朝著這個全新的自己邁出的最小第一步是什麼？

你不能指望一道閃電打下來，就能為汽車點火或者啟動你的財務引擎。相反的，我希望你能從瑪麗·安寧身上得到啟發，也就是找出你可以在生活中灑下的成長種子，看日後的成長能帶你走到什麼地方。

＊譯注：指受到網民關注導致股價出現快速且出人意料成長的公司股票。
※編注：電影《回到未來》講述馬蒂·麥佛萊意外的被布朗博士發明的時光機送回過去。

懂感謝，能賺到並留住更多的錢

像我這樣長期上網的人，很容易對現代世界的人際互動抱持悲觀的態度。社交媒體經常淪為現實中永遠不會發生且不健康的互動場所，而且當下的熱門話題幾乎是駭人聽聞的負面新聞。一旦放下手機，我們就會意識到，人性其實還是有很多值得喜歡的地方。我們開始注意到一些可以培養正向情緒的小事，讓日子一天比一天過得更愉快，即使只是表達謝意這樣簡單的事都能創造奇蹟。

年紀稍長的讀者可能還記得第二次世界大戰後一場襲捲歐洲的活動。經過戰爭的破壞，許多歐洲國家面臨重建社區和生活的重大挑戰，這時候「感恩列車」（Gratitude Train）出現了。美國希望向海洋彼岸的盟友和鄰國傳達團結之意，因此成立「友誼列車」，並且迅速壯大。在全美各地，成千上萬的民眾捐贈食物、衣服和其他必需品，送往歐洲，成為團結和同情的象徵。

這種不求回報的善舉深深感動法國人民。一位法國女性瑪莎・理查德（Marthe Richard）發起一項活動來回報這份善意，她向飽受戰爭蹂躪的法國公民募集禮物和捐款，打算在一列火車上裝滿禮物和紀念品，再運往美國，表達法國人民溫暖的感激之情。這輛感恩列車，也被稱為「感謝列車」，在一九四九年拉著四十九節、裝滿禮物的車廂由法國出發。每節車廂都裝飾著壁畫和特別的裝飾，裡面則是包括法國繪畫、雕塑、罕見書籍的寶庫，以及最重要且珍貴的法國人民手寫的感謝信。抵達美國後，這些禮物全被分送給各地博物館、圖書館、學校和其他機構。

感恩列車的善行證明感恩行為可以對個人、社會，甚至在最大的幾個國家之間產生深遠的影響，展示感恩之心如何將一個絕望的國家變成一個充滿希望且自豪的國家。正如社交媒體明星的TikTok可以像病毒一樣傳播，人性中最美好的部分在適當的情況下也可以辦得到。

我們從小就被教導在適當時刻說「謝謝」，人們通常視它為一種社交禮儀，不能造成什麼真正的改變，卻大大低估真正感恩的心對我們的生活影響有多大。讓我們利用一些小方法來改變這個現象。我們可以依據實證研究，發現自己應該怎麼做。

表達感激之情的有效方法之一是寫日記。根據二〇〇五年的研究，只需每天花五分鐘寫下令我們感激的事，就可以將長期幸福感提高一〇％以上。[165]這項研究參考賓州大學心理學家馬丁・賽里格曼博士的實驗成果，他對四百一十一名參與者測試過幾項正向心理干預措施的影響。

在實驗中，參與者被要求寫一封感謝信，並親自遞交給他們生命中某個時刻忘記感謝的人。完成任務後，賽里格曼和他的同事發現，參與者的幸福感因此大幅上升，遠超過任何測試過的類型。最引人矚目的結果也許是，寫信者因此獲益的心理狀態持續一整個月。[166]

寫日記和表達感謝確實可以大幅提升我們的幸福感。學術界出版許多論文，證明這麼做的好處簡直數不完：更正面的情緒（Amin, 2014）、增強自尊（Rash, Matsuba & Prkachin, 2011）、更好的感情生活（Algoe, Fredrickson & Gable, 2013）、更深的友誼（Lambert & Fincham, 2011）、提高決策敏銳度（DeSteno, Li, Dickens & Lerner, 2014）、降低血壓（Shipon, 1977）、降低憂鬱風險（Seligman et al., 2005）等，例子不勝枚舉。[167]

不過，這是一本關於理財的書。**感謝，能幫助我們賺到並留住更多的錢嗎？**

很感謝你的提問。讓我們從職場開始，展示如何透過一個簡單的行為技巧，就能提高公司的利潤。

除了我們前面看過的眾多好處，事實證明，感恩也是一種極為有效的領導技巧。賓州大學華頓商學院學者的一項研究發現，向員工說「謝謝」來表達感激之情的管理者，會發現員工的工作動機可能增強，也更努力。這項研究將協助大學募款的工作人員分為兩組：一組像往常一樣撥打電話募款；另一組則先接到主管的電話，感謝他們的努力。結果顯示，相較未收到感謝電話的員工，聽到感謝訊息的員工在接下來的一週撥打的募款電話數量增加五〇%。[168]

愈來愈多的證據顯示，正確的心態和感恩的態度可以改善工作和生活表現。二〇一五年的一項研究測試透過線上方式運用正向心理學，看看對於有憂鬱、焦慮、壓力和倦怠傾向的希臘醫療保健專業人員的成效如何。與對照組相比，每週參與正向心理活動的介入組在憂鬱、焦慮、壓力和情緒耗竭方面都有顯著的減少，同時對生活的滿意度也有提升。[169]因此，包括表現感激行為在內有益的心理策略，可以從職場一路延伸到我們的生活中。

除此之外，感恩是加強工作意義、提升工作效率和成就感的六大關鍵之一（其他五個分別是：發現個人優勢、正向情緒和心流、工作希望、工作塑造〔job crafting〕、發現且實現使命。）[170]

如果你是公司董事會的一員，謙遜和感恩可以助你思考大局。根據二〇一四年的研究，具有較多感恩之心的人在做經濟決策時不太會表現不耐煩的樣子，從而能做出更好的選擇，也比較不會感到有尋求短期滿足的壓力。[171]

當然，這也適用在個人理財層面。畢竟，最重要的理財祕訣就在於延遲滿足和對抗短視近利（也就是「當下偏誤」）。正如我們在之前討論過的，這種抵制眼前欲望、選擇長期利益的能力可以顯著影響我們的財務狀況，讓我們做出更好的理財決策。

在仔細回顧感恩文獻（這裡提到的只是一小部分）後，我們不禁要問：「生活中還有什麼部分是感恩無法改善的嗎？」

想在生活中尋求實用方法來實踐感恩，不妨試試這些做法：

- **感恩儀式**：養成日常習慣。例如，睡前祈禱，或晚餐時回想白天發生過的最好的事。
- **回饋**：談論感激的事物很有力量，但參與志工服務更能以行動表現。走出去，回饋社會。
- **感恩散步**：悠閒的長距離散步，將重點放在你感激的事情、以及沿途的美麗風光上。
- **感謝被忽視的人**：在研究感恩的相關文獻中，最深遠的正面影響往往來自感謝那些付出卻未被賞識、或遭到忽視的人。今天就寫一封情真意切的信彌補這個錯誤吧！
- **練習感恩冥想**：進行感恩冥想，將思緒導向你所感激的事。這種練習與增加正面情緒、減少焦慮和憂鬱息息相關。

在書店裡所有可以買到的自助書籍中，感恩已被證明是我們所能找到最好的靈丹妙藥。感謝和欣賞他人會帶來更好的工作表現，改善健康，並在需要做出最佳理財決策時保持頭腦清醒。

採納以上提到的一些策略，相信未來的你會感謝我。

第 4 部

累積財富需避開的心理陷阱

行為金融學家發現，真正拉開財富差距的，
往往是難以察覺的情緒反應。
我們需要簡單而有力的方法，拆除情緒圍欄，
找到關於金錢與幸福的終極解答。

金融的本質是人性

金錢通常被視為黑與白、對與錯，不過是紙面上的數字，對我們沒有什麼啟發性。然而，金錢深入我們的生活和世界各個層面，因此研究金錢也就等於研究人類和全世界。

要證明這一點，去看《大賣空》（*The Big Short*）的主角們在金融危機期間預測房地產市場崩盤和股市動盪的做法，就可以明白。

當然，就像成千上萬的華爾街選股者和投資組合經理一樣，主角們也分析公司財報，深入研究所有關鍵的經濟數據；但他們也採取一些奇怪而極端的方法來衡量世界。為了了解房地產，主角麥克．伯里（Michael Burry）、馬克．鮑姆（Mark Baum）和史蒂夫．艾斯曼（Steve Eisman）什麼都做，從參觀脫衣舞俱樂部、房屋法拍，到當地與屋主交談以了解情況……實在是讓人大開眼界。

這些著名的短線經紀人知道，金融一半是藝術、一半是科學，如果不深入了解檯面下的人性，就不可能真正理解這些數字。我和很多財務顧問交談過，也證實這一點，他們之中許多人告訴我，真希望自己取得的是心理學學位，而不是現實中的金融學學位。同樣的概念也適用於你的理財生活。當你了解金錢愈多，你就會愈了解這個世界。

你是否曾經聘請願意幫助你的經理人，為你制定合理的財務計畫？他是否給你一本塞滿百分比和圓餅圖資料的精美活頁夾？還是給一本你從來沒有翻過、只擺在書架上長灰塵的厚書？這種用心良苦且鋪天蓋地的做法一直是業界多年來的標準流程，但經常讓客戶比開會時更困惑。投資顧問們逐漸意識到，如果不將金錢人性的一面和理財目的放在最中心的位置，任何完美的財務計畫都沒有意義。這種改變是個好消息，也是一般投資者應該接受、歡迎的。

我不是建議你像《大賣空》的主角那樣帶著家人去脫衣俱樂部來評估總體經濟狀況，但是你能夠以金融為媒介、以你從未想過的方式去探索這個世界。走出門，**體驗全新的事物**，就像是閱讀之前從未接觸過的書籍類型那樣簡單，甚至只要讀過封面，你的文化水準就會提升。根據二〇二一年皮尤研究中心的研究，二三%的美國人在過去一年內沒有讀過任何一本書（疫情期間人們不是應該有大把的閒暇時間嗎？）。[172]另一個凸顯大多數人離不開熟悉環境的證據是，根據《紐約時報》資料分析新聞平台 Upshot 對「健康與退休研究」（Health and Retirement Study）的研究，美國人的居住地與其母親的居住地平均只相隔不到二十九公里。[173]

這就是財務為何能成為你發現新冒險、拓展視野的最佳夥伴的理由。

學習財務與其他學科不同，其訣竅是弄懂生活中的許多方面如何相互影響。金融專家賈里德・迪利安（Jared Dillian）強調，從事金融工作能讓你了解世界如何運轉。從事金融工作的人有能力拼湊個別數據，來解釋二手車價格飆升的原因；或者是什麼導致一打雞蛋在雜貨店漲到五美元。金融專家可以透過研究市場，熟知供應鏈、全球流行病、地緣政治、貿易問題，甚至人們的情緒。迪利安斷言：「即使被聘用的孩子來自史坦頓島（Staten Island），只要在這圈子訓練個幾年，就足以獲得能與大多數世界領導人進行智慧對話的知識。」

研究金錢可不只是研究貨幣。讓我們回到疫情期間（不過老實說，千萬千萬不要再經歷一次），回想從二〇二〇年至二〇二一年所經歷的理財熱潮。當時理財和投資迅速成為主流，「迷因股票」和加密貨幣成為社交媒體上的熱門話題，即使是生日派對上必須保持社交距離的父母們也會討論。盟友金融公司（Ally Financial）的一項調查發現，當時有五分之二的美國人買賣迷因股票，更有高達六六%的千禧世代參與其中。[174]疫情之下，人性和被隔離的生活狀況讓原本不感興趣的人也開始學習投資。

當時我們都被關在家裡，美國政府在每個人的銀行帳戶裡存入一大筆現金，交易程式如雨後春筍般興起，「錯失恐懼症」（FOMO）*伴隨肺炎病毒飄散在全美的每一個角落。迷因股票熱潮背後的人性，讓專業人士及對數字不太在行的人都著迷。過多的積蓄、自由交易平台的普及、無聊，以及缺乏其他娛樂（許多運動賽事暫停），驅使個人試圖在當沖交易中碰運氣。即使是貨幣貶值和批發貿易之類不那麼有趣的題材趨勢，同樣也適用背景分析和邏輯連結，無論在哪種情況下，財經洞察力和知識都能加深我們對眼前和日後環境的理解。

所以，我鼓勵你分散投資。我不是要改變你的資產配置，或是出售你的員工認股。我想說的是，你可以參考最基礎的理財入門書籍，挑戰自己做一些不同的事情。改變你的生活習慣，到陌生的地方，讓自己接觸與你的信念相反的想法。每天、每週、每月、每年都這麼做。

以下是如何推動自己離開常軌的方法：

- **每天**：聽一個新的播客節目，或與朋友、同事交流一個新主題。
- **每週**：到當地劇院觀賞你平時不會去看的表演，或在週五選一個沒有去過的午餐地點。

---

*譯注：即Fear of missing out。指因為害怕自己不在場而產生的不安與持續焦慮。

- **每月：**讀一本書，任何書都可以。大多數人顯然在這方面都做得不夠。可能的話，選一本你平常不會看的書。或為你內心深處嚮往的志業擔任幾個小時的志工。
- **每年：**去一個新的地方旅行，體驗不同的文化，然後依照過去一年的省思設定新的財務目標。

金錢滲入生活的每個層面和世界每個角落，與我們的社會、歷史和意識型態緊密交織。雖然在最基本的需求上，對理財的研究和追求往往平淡無奇且公式化，但如果我們超越表面，檢視金錢所影響的一切，它就能為我們提供寶貴的見解，讓我們看清這個世界，以及生活在其中的人。

以人性而非科學的框架看待理財，便能打開通往新思維和新體驗的大門，促使我們改變，成就更好、更棒的自己。

克服拖延和惰性，不是努力就有用

許多法律、稅務規則和法規要求我們像跳火圈似的躍過重重難關，還得雇用專家、博士和律師，只為了明白我們需要做什麼或不做什麼以取悅政府。不過，有些成功的公共政策卻懂得利用人類的懶惰本性，以簡單和明確為基礎，順利扎根茁壯。

英國「行為研究小組」（Behavioral Insights Team）的非正式別稱為「輕推小組」（Nudge Unit），它們的主要任務是將行為科學融入政府指令，至今已取得重大成就。這個成立於二〇一〇年的全球社會目標組織巧妙的應用行為科學，改善稅務繳納狀況、提倡健康行為、提高退休金參與率和退休儲蓄、實施教育改革，並持續解決刑事司法系統中的缺陷，包括專注於囚犯的改過自新。

許多經由行為研究小組主導的成功專案，共同點是「讓事情變得更容易，就會增加政府期望的行為發生」。相較於國稅局信件中令人望而生畏的複雜語言，輕推小組選擇利用個人化的簡單訊息，成功提高人民按時納稅的比率，並且增加政府稅收。為了更健康的社會，小組設計出更清楚的營養標籤，促使家庭選擇更健康的食物，或是強調吸菸危害的醒目警告，提高吸菸者的戒煙率。在財務方面，行為研究小組簡化退休計畫的登記流程，持續吸引員工為未來儲蓄。對學生而言，簡化的目標設定、同儕支持和個人化訊息也產生深遠的影響，增進學業表現。最後，刑事司法系統中的行為洞察機制和介入措施，同樣成功降低受刑人的再犯率。

雖然輕推小組負責解決的行為問題包山包海，但其成功的背後，全靠各種情境都適用的一個框架「EAST」，它由容易記住的英文縮寫詞組成，分別代表簡單（Easy）、有吸引力（Attractive）、社會性（Social）和及時（Timely）。

「行為科學文獻可能極為複雜，因此政策制定者擁有一個可以輕鬆取得及應用的簡單框架是非常寶貴的。我身為負責政府政策的國務大臣，親眼見證這些觀點如何運用在實務上，幫助我們制定出更聰明、更簡單且成本效益極高的政策。」英國前政府政策國務大臣奧利弗·萊特溫爵士（Oliver Letwin）曾經明白表示。[175]

雖然EAST的每個要素都很重要，但我想將重點放在「E」上，也就是讓好的行為變得更容易，讓壞的行為變得困難。在這方面最具影響力的例子，應該是諾貝爾經濟學獎得主理查·塞勒（Richard Thaler）和行為經濟學家施洛莫·貝納齊（Shlomo Benartzi）在一九九〇年代末期合作開發的「明天存更多」（Save More Tomorrow）計畫，它的宗旨是利用行為洞察力來鼓勵工作者多為自己的未來儲蓄，從而解決美國人退休儲蓄率低下的問題。

但是，由於人們傾向更重視眼前的報酬，也就是「當下偏誤」（present bias），很多人很難做到這一點。雖然也有一些超級節省的儲蓄者，但大多數人更喜歡享受今天，花掉勞動成果，把對未來的擔憂拋在腦後。因此，拖延和惰性通常會導致退休計畫的提撥率偏低。

為了幫助大眾克服心理障礙，在塞勒和貝納齊專業的行為科學知識指導下，導入「明天存更多」計畫。這是一項員工可以自願參與的計畫，允諾他們增加未來的提撥額，增加的幅度通常與他們的每年加薪幅度相當。系統自動為每個人登記，但他們可以隨時選擇退出。這些看起來似乎只是小細節，但「承諾」和「自動登記」卻有助於減輕前面提到的惰性偏差，使儲蓄變得容易。除此之外，將提撥率的增加與年度薪資調整連結起來，可以減輕工人在看到實質工資金額減少時可能感受到的痛苦。從此以後，員工存入退休計畫的金額會隨著每次加薪而增加，直到預設的最高限額。

有效嗎？我會說，當然有效！

根據芝加哥大學布斯商學院（Booth School of Business）的資料顯示，「明天存更多」計畫參與者的平均儲蓄率，在短短二十八個月內增加兩倍多，從三．五％增加到一一．六％。[176]其他研究也證實布斯商學院的發現。結論是，（以建設性的方式）利用我們的行為偏差，政策制定者可以促使（或推動）人們輕鬆做出更好的決策，同時仍然允許他們自由的做出自己的選擇。「明天存更多」計畫是一個著名例子，但肯定不是唯一一個說明如何讓好事變得容易，讓壞事變得困難，從而有力影響人們行為的例子。

詹姆斯．克利爾在他的著作《原子習慣：細微改變帶來巨大成就的實證法則》（*Atomic Habits*）聲稱，只要將運動服拿出來放好，並將慢跑鞋放在門邊，就會增加你晨跑的機會。這個實用技巧可以消除惰性的障礙，並且利用承諾來幫助你進行有氧運動，使運動變得容易一點。

假設你在日出時跑步幾公里。到了中午，你可能已經飢腸轆轆，所以你走進公司的自助餐廳。不過，好像有些東西和以前不一樣：排在最前面的是水果，然後是蔬菜，最後才是蛋白質。理查．塞勒和凱斯．桑思坦（Cass Sunstein）在他們的經典著作《推出你的影響力》（*Nudge*）表示，將更有營養的食物選擇擺放在自助餐廳中較前面的位置（以便讓你更容易用真正的食物先擺滿盤子），可以讓人們吃得更健康。單純只是讓拿水果和蔬菜變得更好拿的簡單措施，就能使人們對健康食品的攝取量增加三〇%。

我們繼續來聊食物。二〇一七年的一篇論文〈零食對美國幼兒飲食攝取量的貢獻〉（Contribution of snacks to dietary intakes of young children in the United States）發現，垃圾零食占兒童整體能量攝取的二八%，部分原因在於取得零食太過方便。[177]要讓好事變容易，讓壞事變困難，辦法之一就是在購物時集中精力購買健康零食，確保一開始垃圾食品就沒有機會進到家裡。針對大學生的研究也發現，容易取得各類甜食和鹹食等於他們就會吃下許多不健康的食物。[178]將購物車中的洋芋片、蘇打餅和奶油餅乾換成胡蘿蔔、腰果和奇亞籽，就能輕鬆讓你吃得更好。研究清楚的指出，我們吃什麼就會像什麼，而且我們傾向於周圍有什麼，就吃什麼。

工作一整天後，你回到家，問伴侶想去哪裡吃晚餐，你選了常去的一間餐廳。最近，除了養成晨跑的習慣外，你也開始努力控制自己的開支。為了達成目標，你可能想將信用卡收起來，去提款機領出一些現金。丹．艾瑞利（Dan Ariely）的研究顯示，我們在使用鈔票付帳時，往往會有意識的減少支出；另一方面，信用卡不管感應、插入或刷卡都太過方便，幾乎沒有任何真實感。透過使用現金而非信用卡，你會更難去做你試圖避免的事；換句話說，你就不會超支。

為了讓自己堅持良好的財務習慣，我們時常做出一些大手筆的舉動，但正如「明天存更多」和其他研究證明的，有時我們能做的最好處置就是讓事情變得簡單。

我想在此提出一個挑戰：在進入下一篇之前，請承諾你會採取一項行動，或者讓良好的財務行為變得更容易，或者讓不良的行為變得更困難。

需要靈感嗎？下面有幾個不錯的點子：

- **投資自動化**：參考「明天存更多」計畫，透過設定退休帳戶計畫自動定期提高提撥率等功能，增加你的投資金額。如果你已經設定完成，詢問你的券商，是否可以設定自動將資金定期從你的支票帳戶轉入退休帳戶並進行投資。在增加投資的過程中，只要必須登入和點擊的次數愈少，對你就愈好。
- **簡化你的財務**：減少你使用的信用卡數量，整合投資帳戶，並建立明確的支出類別，以了解你的錢都花到哪裡去。最終，你可以透過更簡單的財務流程來減輕壓力、節省時間，並提高自己的理財意識。
- **刪除不必要的應用程式**：手機裡有多少應用程式一直在吃掉電子錢包中的現金？也許是購物網站，也許是體育賽事下注網站。這裡買買，那裡買買，週末偶爾賭一下都很有趣，但對某些人來說，只需在手機刷幾下就能輕鬆消費和賭博，代價實在有點太高。直接刪除這些應用程式吧！

其實不需要付出極大的努力，就能做出更好的理財決定。只需要一些看似微不足道的動作，就能讓你養成健康且有利可圖的習慣。一切都是為了消除阻礙我們做出正確決定的生理和心理障礙，同時建立有用的防火牆來預防不良的行為。

永遠沒有「逢低買進」的時機

「幫我影印（Xerox）這個，好嗎？」

如果你直接是用英文「Xerox」當動詞，拜託辦公室裡的年輕人幫忙影印，那麼你和他們之間的年齡代溝就藏不住了。Xerox（全錄）曾是創新科技公司的龍頭，這家公司在美國企業界五十歲以上的群體心中仍占有特殊的懷舊地位，如今卻已經失去被當成動詞的資格。

在一九七〇年代的職場文化中，全錄是當時最先進的科技公司之一。它透過領先業界的影印機和印表機，徹底改變當時現代辦公室的運作方式。全錄公司的發源地帕拉阿圖研究中心（Palo Alto Research Center）還研發出許多其他突破性的發明，例如：圖形使用者介面（GUI）、滑鼠和乙太網路等。

在那個已經過去的時代，全錄有機會憑藉其多樣化的尖端產品和思想領袖的地位，成為個人電腦市場的主導者。全錄的管理團隊也意識到這一點，但他們選擇不要冒險投資電腦研究，而是墨守成規，專注於公司當前的核心業務。基於「沒有人會因獲利而破產」的說法，又怎能嚴厲指責全錄選擇繼續從蓬勃發展且成熟的影印機業務上賺取現金呢?

全錄放過的機會，被史蒂夫．賈伯斯和比爾．蓋茲等年輕企業家緊緊抓在手裡。不久之後，蘋果和微軟等公司脫穎而出，成為下一代的科技巨頭。為了搶占市場占有率，全錄在一九八一年匆忙成立「全錄之星」（Xerox Star），但為時已晚。麥金塔（Macintosh）和IBM的個人電腦已經占據主導地位。

全錄等待適當的進場時機等太久了，它們想要的那種神奇、理想的時刻可能根本不存在。無論哪種方式都有風險，在沒有周詳計畫的情況下過早投入，新業務可能在短期內失敗；但只是站在一旁等著，就像全錄，瞬息萬變的市場也不會給後來者任何立足機會。

我經常看到投資者也這麼做。

如果一個人收到一筆可觀的意外之財，例如，繼承遺產，對於是否應該立刻投資自然會感到憂慮。即使深知自己的行為會帶來什麼後果的人，也會因為恐懼損失，突然不敢採取任何行動。考慮何時是將現金投入投資的適當時機，不禁感到既興奮又緊張；此外，在市場波動時或股票已經大漲後，置身事外往往給人最大的安全感。

這才是財務顧問展現真正價值的時候。財務顧問不帶偏見、經驗豐富的觀點，幫助人們知道自己本能上就是會想等待最佳時機，不敢立刻按下「買進」鍵，同時也引導人們為自己的利益採取行動。

市場上總有值得害怕的事件。總是有新的理由讓人出售所有資產，只保留現金，或避免增加投資。回想一下，自二〇〇七年以來，美股因為眾多原因大幅下跌，而這些原因很難提前知道。我的意思是，是否有總體策略分析師能在二〇一九年第四季預測到二〇二〇年市場將崩盤、並寫上理由是「百年一遇的全球疫病大流行」？即使你真能即將預測爆發全球健康危機，你還是可能被二〇二〇年三月全面隔離時的股市觸底嚇得措手不及。

正如下頁表格顯示，沒有任何一年風平浪靜，總會發生一些當下覺得非常合理、卻令人憂心的事。

無論我們講的是商業策略，或是用你的儲蓄做投資，讓你覺得「現在冒險最合適」的時機可能永遠不會出現。對你、對我和我們的錢來說，解決之道其實很簡單：擬定計畫，與能夠讓你堅持下去的專業人士合作。

讓我們回到前面提到繼承遺產的例子，並假設一些數字來說明。

你在三十歲時繼承十萬美元，因為看當時的財經媒體認為前景堪憂的報導而感到緊張，於是你推遲投資，打算等市場下跌時再「逢低買進」。然而，低點永遠不會到來。結果股市沒有大幅下跌，

年	股市最大跌幅	推測原因
2007–2009	-57%	全球金融危機
2010	-16%	歐洲債務危機
2011	-19%	歐元地區危機
2012	-10%	美國財政懸崖
2013	-6%	縮減購債恐慌
2014–2016	-15%	全球經濟放緩，政治緊張
2017	-3%	地緣政治局勢緊張
2018	-20%	貿易戰加升息
2019	-7%	貿易戰和全球成長擔憂
2020	-34%	Covid-19 大流行與經濟停擺
2021	-5%	供應鏈問題
2022	-25%	通貨膨脹、聯準會升息
2023	-8%	美國地區性銀行業危機

走勢類似二〇一三年或二〇一七年。所以你繼續等，繼續等，錯失機會的痛苦足以讓你後悔得捶胸頓足。終於你在四十歲時投降，將錢投入市場，但「障礙已經全部清除」的美好時刻從未降臨。

如果假設你前十年以現金賺取三％的利息，然後從四十歲到六十五歲在市場上每年獲利八％，到你退休時（六十五歲），投資帳戶總值應為九十二萬三百七十八美元。可是如果你在三十歲收到錢時立即全額投資，假設每年成長率八％，帳戶餘額將達一百四十七萬八千五百三十四美元。換句話說，你等待適合時機的機會成本超過五十萬美元，而且這個等待注定是沒有結果的。

另一種評估成本的方法是根據你的時間和退休年齡，不過，較保守的投資組合也可能會因為你遠離市場，導致你需要多工作幾年。

如下圖所示，等待「障礙已經全部清除」可能得付出高昂代價，對我們的生活和職涯造成影響。

是什麼促使全錄逃避承擔策略風險，也讓一般的投資者不願意盡快投入市場？

事實上，與其說等待適當時機，不如說是我們渴望將事情做到完美。拖延通常被視為懶惰的形式之一，但更多時候它其實代表的是對完美主義的期待。人類在演化過程中，對安全的偏好排在幸福前面，因此如果達成幸福需要

不要等待好時機——十萬美元在三十歲後的投資組合成長

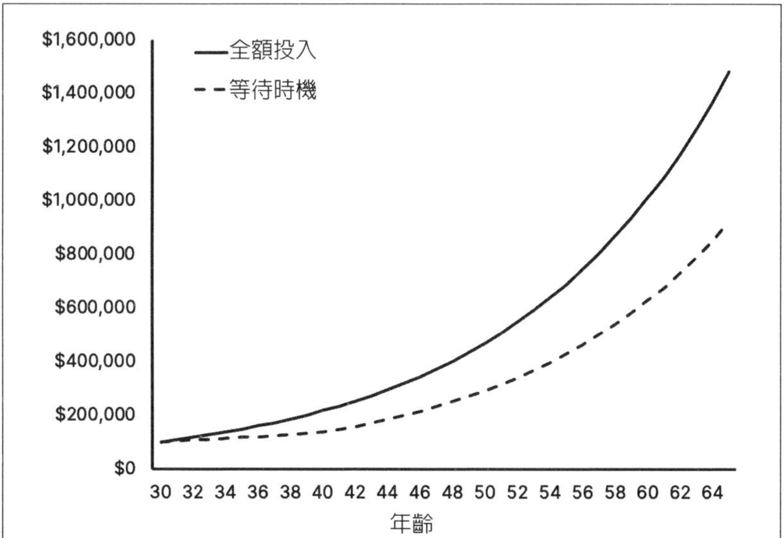

承擔一些風險，我們寧可放棄「喜悅」，而選擇「沒有不開心」。

完美主義者會一次又一次遇上的問題是，他們設定一個雄心壯志的標準，以致他們從未真正展開冒險。就像全錄高層主管需要一頭鑽進個人電腦市場，或者散戶需要下定決心購買指數基金，但是，最後得到的結果只有因為恐懼而陷入停滯狀態。

人類的決策機制是在很久以前的非洲大草原上演化出來的，當時得將人身安全放在首位，可是在現今的世界裡，基本需求往往已經得到滿足，我們必須努力解決的問題和千百年前不同，而是更深層、更內化的問題。這種過時的演化反應導致人們（包括你，其實你並沒有那麼特別）堅持規避風險，反而錯失那些能在未來帶來安全和自由的重要機會。

不過，有個好消息。

雖然從邏輯上來說，沒有什麼是真正「好的投資時機」，但也沒有「不好的投資時機」。海岸永遠不會清澈，市場也永遠不會安全。從基本面來看投資，純粹是賭未來會比現在更好，而且這是人類長久以來一直這麼認定。

也許你還是很緊張。那麼，不妨試試從小處做起。**利用人類行為特有的慣性，為自己增加理財上的優勢，也就是簡化流程（選擇單一檔多元化基金）、自動扣款（定期定額投入你的退休帳戶或應稅券商帳戶），以及學習長期投資的力量**，都能助你一臂之力。

「享樂適應」是財務的有害物

請為我做一件事。

我希望你先回答這個問題：「需要多少錢才能對自己的財務狀況感到安心？」等腦中跳出一個特定數字後，再往下繼續閱讀。

如果你和大多數人一樣，這個問題的答案會是：「比我現在擁有的多一點點。」

然而，這是個陷阱。

事實上，「多一點點」遠遠不夠。

我們內心深處與生俱來的匱乏感，可以追溯到很久很久以前。至少可以追溯到公元前六世紀，當時呂底亞（Lydia）國王克里蘇斯（Croesus）受權力和更多財富的誘惑，結果在戰場上敗北，被俘後等待被處決。他被處以火刑的故事，可能會引起許多激進投資者和商人的共鳴，雖然大多數人不會遭遇他那樣戲劇化的人生。

統治呂底亞的克里蘇斯是當時公認最富有的國王之一。在欣欣向榮的王國裡，一切似乎都很順遂，他過著奢侈的生活，卻不享受富裕。他在追求幸福的過程中，拜託因智慧和遠見受大家尊敬的女祭司傳達德爾菲神諭（Oracle of Delphi），藉此引導他。神諭告訴克里蘇斯，如果他對強盛的波斯發動戰爭，一個偉大的帝國就會因此毀滅。克里蘇斯視它為上天賜予的指示，對波斯帝國發動軍事攻擊。

事實證明，神諭是正確的——只不過對波斯的戰爭中，被摧毀的是偉大的呂底亞帝國。

克里蘇斯擁有的財富超乎大多數人的想像，但他依然不知足，總是想要更多。他內心的渴求永遠無法滿足。克里蘇斯從征服或利潤豐厚的貿易中，感受到的興奮非常短暫，他很快便適應得手的財富。**這就是「享樂適應」（hedonic adaptation）**，一種讓每個人都很困擾的行為本能，克里蘇斯的故事就是最典型的範例。

工作、人際關係和金錢上的成功，會為我們帶來短暫的正面情緒，但高潮很快就會過去，沒多久我們便會回歸現實。失敗和不幸也是一樣，我們在短時間內心理便會恢復到之前的幸福水準。

儘管這會在我們追求財富和幸福的過程中帶來一些問題，但對人類還是有益的。整體來說，由於對美好生活的本能渴望，社會總是不斷進步。人類根深柢固具有「還差一點點」的心態，引導我們探索海洋、馴服大自然、飛向外太空。除此之外，享樂適應還能幫助我們適應新環境，擁有從悲劇和哀痛中恢復的能力。

對日常生活影響最大的是，享樂適應能夠讓大腦休息。這樣迅速恢復心理平衡的過程有助於我們應對生活的高低起伏。而且，這種心理現象就像是企業的首席財務長，可以有效率的分配大腦資源，將我們的認知能力不斷轉移到攸關生死或抓住新機會最需要的地方。

個人理財專家經常用「享樂跑步機」來形容對財富和寧靜的永無止境追求。但是，正如理財奇才法蘭克．科斯坦薩（Frank Costanza）證明，「現在的平靜」可能導致「以後的瘋狂」。*因此，儘管享樂適應在廣義上、長期上都對我們有幫助，但短期內，它可能會讓我們在理財上犯蠢。一旦我們意識到這種不斷追求又不滿足的傾向，下一個合乎邏輯的問題就變成：「我該怎麼辦？」

為了回答這個問題，**下面有五種做法可以幫助你離開享樂跑步機，並好好喘口氣**。

---

*編注：出自美國國家廣播公司播出的情境喜劇《歡樂單身派對》。劇中的法蘭克．科斯坦薩脾氣暴躁，他遇到壓力時就大喊「此刻平靜」(Serenity now!)來平復情緒。但這種方式只是暫時壓抑負面情緒，並不能真正解決問題。

感恩練習

在行事曆上特別留出一段時間來練習感恩，這是認識自己有多幸運的最簡單方法之一。透過每天寫感恩日記，表達對他人的感激之情，並且簡單的說出和表達感謝，藉此關注、欣賞生活中的美好事物。

根據加州大學戴維斯分校的羅伯特・埃蒙斯（Robert Emmons）和邁阿密大學的麥克・麥考洛（Michael McCollough）進行的研究，意識到自己有多麼幸福會帶來物質和人際上的好處，從而提高幸福感和整體生活滿意度。[179]

品味當下

除了永懷感恩之心，品味當下也有助於克服享樂適應，增加對生活中各種事物的覺察。常見的方法包括冥想、深呼吸練習，或只是欣賞美麗的日落，就可以達到這種狀態。

二〇〇七年學者布萊恩（Bryant）和維洛夫（Veroff）發現，享受正面的經驗可以提高整體幸福感。[180]我們也應該參考一九八〇年代喜劇電影《蹺課天才》（*Ferris Bueller's Day Off*）男主角費利・布勒（Ferris Bueller）的真知灼見：「生活的節奏相當快。如果你不偶爾停下來看看四周，可能就會錯過。」

適度放縱

擺脫享樂跑步機最簡單、最有趣的方法，也許就是適度放縱。誰不想這樣做呢？訣竅是故意擾亂常規，調整你的行為。

我的意思是，假設你通常在每天晚餐後吃點甜食，試著將這個小活動變得特別一點，比如，將它變成週六晚上限定的放縱。研究表明，你會更享受寵愛自己的樂趣，並在過程中感覺更健康。或者，假設你通常每個月購買新衣的預算有兩百美元，你可以採取新做法，先存下三個月的錢，再花五百美元購買品質更高的商品。結果是既節省一些錢，又提高獎勵的效果。

多樣性和新鮮感

讓自己以全新的方式認識、享受特別的日子，帶出這些日子的獨特性和樂趣。舉個例子，想要慶祝某個紀念日，與其去同一家不錯的餐廳享用美味的三分熟菲力牛排，不如嘗試一下新的熱門地點。反正最糟不過是你大膽嘗試一些不熟悉的東西，換來一個可以告訴旁人的新體驗。

即使是平凡的日常任務也能加入新鮮感。上班時只是走另外一條路，或鑽研新的書籍類型，就能打亂日常生活中的享樂適應。

重人輕物

投資於社交關係，而非物質財富，可以創造持續較久的幸福感。這似乎是很理所當然的事。在德國曾進行一項研究，針對將近一千兩百人持續追蹤一年，結果發現，至少寫下一項社交策略的參與者往往真的會採取行動去實踐，並在過程中增加更多社交活動。根據報告，這一組人的生活滿意度也會提高。[181]

結論是，你應該專注於建立人際關係，不要太專注在自己身上，尤其是對閃亮小東西的執著，就能有效提高你的滿足感。

你可以怎麼做呢？花點時間與朋友和家人進行深入交談，參加社交俱樂部，或在你喜歡的組織裡擔任志工。這些社交活動都是好方法，可以克服享樂適應的負面影響。

演化和心理因素使我們相信幸福就在轉角處。然而，這就像是場永無止境的追逐。我們在精神上會綁定這樣的觀念：只要在工作上再獲得一次升遷，在淨資產報表上再增加一個零，再購買一輛比鄰居更拉風的豪華汽車，或者再遇到一個特別的人，我們就會達到無比平靜的滿足感。

鑑於你對文學方面具有非凡的品味，閒暇之餘還願意閱讀金融書籍，我猜你應該有實現其中一個目標的能力。但是達到那個里程碑後不久，你便會再次回到享樂跑步機上——再一次渴望新的幸福。

雖然這種對於內心平靜永無止境的追求，可能促使遠古的祖先為食物繼續奔波，但在現代生活中，它的主要功能是讓我們用今天去尋找更美好的明天。我們卻發現，在我們憧憬的明天真正來臨時，感覺卻沒有期待中那麼美好。就像《華爾街日報》作家傑森．茲威格形容的，「彷彿就是無意識的打了個呵欠」。

解決這個問題的方法是將注意力完全集中於現在，深入品味生活帶給我們的一切，願意體驗新事物，並優先考慮人、而非事物。透過培養這種心態，加上採取行動，我們就能對抗心裡不斷追求難以捉摸的未來幸福的衝動，在此時此地找到你想要的滿足感。

專家的財務預測大多是「雜訊」

想像一下 iPhone 出現以前的時代。想像不出來，是不是？手機市場的霸主曾經是黑莓機，尤其受到企業用戶的青睞。但是整體手機市場呈現高度分散，款式繁多，使用者介面各異，沒有一個產品真的能讓大眾目不轉睛。

然後，史蒂夫．賈伯斯登場。他極有遠見，採取和當時市場截然不同的方法。賈伯斯意識到，市場缺乏真正受歡迎的手機。人們被大量新產品和新平台淹沒，卻沒有一種可以被廣泛接納。賈伯斯最偉大的見解是認為手機太過複雜，從設計到介面再到軟體，處處都是障礙，他必須消除這些雜訊，帶給人們甚至自己也不知道自己想要的東西。

賈伯斯和當時市值只有三百億美元的蘋果公司展開大膽的任務，他們計劃打造一種能無縫結合電話、網路通訊和音樂功能的設備，使用方便，外型精緻。他們的目標並非推出另一個裝置，或者讓人為它的科技驚嘆不已，而是要打破雜亂無章的局面，為產業帶來革命性的改變。

最終，二〇〇七年夏天推出 iPhone。這款優雅簡潔的觸控式智慧型手機和友善的使用者介面，不論科技狂熱者和科技厭惡者都為之驚豔。蘋果透過容易操作的簡約設計取得巨大的成功，也驗證該公司廣泛吸引消費者為目標的方法正確。到二〇〇七年底，一個新的智慧型手機標準已經建立，為蘋果晉升為全球最有價值的品牌鋪好道路。

喔，至於黑莓機，它的管理團隊完全接收市場雜訊，選擇加倍投資改善手機的鍵盤功能。是的，它的下場不太好看。

賈伯斯並不是唯一一位靠著學會忽略雜訊取得成就的傑出人士。事實上，這是歷代偉大思想家和投資者的共同特徵。暢銷書作家摩根・豪瑟在他的文章〈注意〉（Paying Attention）中引用幾個例子：

福爾摩斯在《血字的研究》（*The Study of Scarlet*）一書中曾說：

「我認為人的大腦就像一個清空的小閣樓，你必須在裡面擺放你選擇的家具。傻瓜會把他遇到的各式木材都放進去，但這樣可能會把對他有用的知識擠出來，或者和許多其他東西混雜在一起，在他要用的時候找都找不到。」

豪瑟寫道：「曾經有人請教發現ＤＮＡ雙螺旋結構的法蘭西斯・克立克（Francis Crick）如何才能贏得諾貝爾獎。他回答：『喔，很簡單。我的祕密是我知道應該忽略什麼。』」作家約翰・貝瑞（John Barry）也寫道：「根據報導，愛因斯坦曾經說過，他最主要的科學天賦在於能夠閱讀大量實驗數據和期刊文章，選出極少數既正確又重要的內容，忽略其餘的，然後以正確的內容為基礎建立理論。」

這群卓越的思想家之所以相似，不是因為他們有能力分析每一個數據，是因為他們有辨別什麼事根本不重要的能力。在我們需要做出財務判斷時，無關緊要的資訊數量比重要的資訊數量多上許多。

華爾街金融圈以大理石的巨型建築、高薪聘請的專家和二十四小時有線電視新聞報導，對世人散發出一種「我很重要」的氣息，但只要你深入研究就會發現，所謂的菁英研究不過只比干擾人們判斷的雜訊好那麼一點點而已。

我在《行為投資金律》書中引用證據來支持「財務預測的價值還不如印刷它的紙張」的論點。讓我們回顧一下。

主張逆向投資策略的戴維・德雷曼（David Dreman）發現，華爾街大多數（五九%）的「共識」預測都不準，差距過大，根本無法使用。這些擁有財務分析師證照的專業人士所提出的預測，經常低於或高於實際數字一五%以上。[182]德雷曼深入研究後發現，一九七三年到一九九三年之間，在將近八萬次的預測之中，與實際數字相差在五%以內的，每一百七十次之中才出現一次。[183]我們可以從中得到兩個結論：①預測很難；②華爾街專家製造出的雜訊數量非常多。

經濟學家兼作家詹姆斯・蒙蒂爾（James Montier）在他的《為什麼總是買到賠錢股？：從「行為投資學」解析人類天生不適合交易的樂觀、自信與過度預測等交易症候群》（*Little Book of Behavioral Investing*）揭示預測的困難。二〇〇〇年，股票的平均目標價格比市場高出三七%，但最終價格僅上漲一六%；二〇〇八年，平均預測價格為上漲二八%，但市場卻下跌四〇%。哈佛大學的麥克・山瑞德（Michael Sandretto）和麻省理工學院的蘇迪爾・米瑞默斯（Sudhir Milkrishnamurthi）將範圍更擴大一點，他們追蹤最常被分析師納入的一千家公司的一年期預測。他們發現，分析師的看法從頭到尾都沒有一致，平均每年的錯誤率更是高達三一・三%。[184]

我們再看看這個：二〇二〇年，標準普爾五〇〇指數報酬率的共同預測為三%，實際漲幅為一六%，年中曾一度暴跌三四%。[185]試想，如果分析師們在預測前就知道那一年會發生全球大流行病，導致世界經濟癱瘓，他們自然會做出比原先更糟糕的估計，誤差也就更大。研究結果很明確：

預測完全無效。由此推論，依賴分析師預測的投資計畫當然也行不通。

我們已經從小說裡的偵探到一頭亂髮的天才身上，了解每個人都能從學會該在意什麼、該忽略什麼而受益。儘管如此，從雜訊中解讀出有意義的訊號仍然相當困難，特別是雜訊以看似合理的方式出現，甚至還伴隨一個引人入勝的故事時。

以下是一些可以幫助你從混亂中理清思路的心智模型。問自己：

我有理由相信這些資訊的準確性嗎？

正如你在前面讀到的，如果相關資訊是分析師預估、財務預測或對政治動向的猜測，那麼答案幾乎很肯定是「不」。

提供預測者的動機為何？

必須考慮預測背後的動機。提供預測的人是在銷售課程、推銷產品，還是從壞消息傳聞中受益的媒體機器的一部分？人類天生就會以自身利益為優先，一項預測代表的往往是某人如何從中獲得報酬，而不是實際上他們相信未來會發生什麼。

五年後我還會關心這個嗎？

找一份五年前的報紙（雖然我猜應該是電子版），然後翻到政治或商業新聞。到了今天，你還記得那個政客的醜聞嗎？那家大型科技公司糟糕的季度表現呢？我想你知道我的意思。

這件事對我的財務還是我的心靈有關？

天災、歐洲戰爭、致命病毒……每件事都可以讓我們感同身受，並且伸出援手。但很多時候，我們因為不斷接收新聞傳達的不安情緒，也影響到財務決策。不過，並非所有有感觸的事情都可以影響你運用資金。你得學會應該忽略什麼。

先吃掉棉花糖，離成功就愈遠

一九六二年十月，持續十三天的古巴飛彈危機是美國歷史上最緊張的時刻之一。美國與蘇聯的對峙差點就升級為一場兩敗俱傷的核彈災難。事情的導火線始於美國發現蘇聯在距離美國本土僅一百四十四公里的古巴島上祕密部署飛彈。甘迺迪總統有兩個選擇：①立即發動攻擊，但可能造成多人傷亡，甚至危及國土安全；或②尋求外交解決方案，但這不只需要時間，也需要技巧，才能影響世界局勢。同時，第二種選擇也充滿潛在的危險，因為「等待」也意味著不確定蘇聯將如何回應。對於這場對峙，全世界無不屏息凝神。

甘迺迪保持冷靜，尋求外交途徑。他與蘇聯領導人赫魯雪夫（Nikita Khrushchev）進行祕密談判，同時封鎖古巴周圍海域，防止蘇聯進一步運送飛彈到島上。

等待和仔細考慮所有選擇最終得到回報。一九六二年十月二十八日美俄達成協議，赫魯雪夫同意拆除在古巴的飛彈設施，美國承諾不入侵這個島國。

化解古巴飛彈危機需要做一件大家都討厭的事：等待。發生全球重大事件時的不確定性，以及我們站在人生重大岔路口的徬徨，感覺比任何可能結果都更令人難受。對甘迺迪總統來說，事後證明他保持冷靜，不貿然採取軍事回應，才是較好的策略。保持耐心使他能夠更清晰的思考，從而實施更有效的長期策略。

古巴飛彈危機後不久，披頭四也面臨類似的難題，只不過風險稍微小一點。一九六〇年代初期，披頭四空降流行樂壇。約翰、保羅、喬治和林哥的活力在巡迴演出中吸引成千上萬的年輕歌迷。他們用朗朗上口的曲調吸引觀眾後，一九六六年樂團決定暫停舉辦演唱會，專心錄音製作新專輯。

這個決定成為樂團發展和音樂產業的關鍵時刻。他們當然可以繼續在世界各地的觀眾面前夜復一夜的表演，賺取巨額報酬。但樂團放棄當下的經濟利益，放棄透過現場表演刺激觀眾的腦內啡來提高樂團的知名度，而是選擇將他們的音樂提升到更高的境界。在寧靜的錄音室裡，他們有機會精進自己的創作，藉由多方實驗釋放他們的創造力。

在接下來的幾年，披頭四發行他們最著名的幾張專輯：一九六六年的《左輪手槍》（*Revolver*）、一九六七年的《比伯軍曹寂寞芳心俱樂部》（*Sgt. Pepper's Lonely Hearts Club Band*）和一九六八年的《白色專輯》（*The White Album*）。這些前衛的專輯重新定義流行音樂，引入新的製作方法、音樂風格和創意歌詞，改變整個音樂界。

他們依舊獲得財務上的成功，只不過並非一夜致富。在花時間釐清樂團接下來想要進行什麼樣的音樂之旅後，收益才陸續浮現。四個處於成功頂峰的年輕人一定很想繼續快速的賺取報酬，在一票難求中的演唱會中感受到粉絲的擁護，但他們深思熟慮後，選擇追求更具挑戰性的新風格，確保他們在音樂史上不容忽視的地位。他們需要的是愛……以及被延遲的滿足感。

甘迺迪總統和披頭四對抗人們通常認為「今天比明天更重要」的傾向。如果我們一不小心，「立即效用」（Immediacy Effect）可能就會對投資行為造成干擾。丹．艾瑞利在他的《誰說人是理性的！》（*Predictably Irrational*）書中談到亞當和夏娃，他說：「你可以問問自己，我們之中多少人會為了一顆蘋果而犧牲伊甸園中的永恆？嗯，事實證明，我們真的會這麼做，而且會一直這麼做。」

立即效用的心態也影響我們處理金錢的方式。研究發現，民眾捐給近期發生的災難的金額，比起影響更大、但發生時間較早的災難還要更多。在重大災難發生後，大腦接收到的刺激會引發即時的情緒訊號。尤其當災難的討論度很高時，我們腦中就會浮現災難的生動畫面，促使我們思考並馬上採取行動。

沒有一項研究能像「棉花糖實驗」（Marshmallow Experiment）那樣深入人心。這個強調延遲滿足的經典範例，在無數的財務顧問會議室裡無疑被傳播多年。

實驗過程是這樣的。

心理學家兼史丹佛大學教授沃爾特．米歇爾（Walter Mischel）想了解兒童何時形成自控能力。這些實驗始於一九六〇年代，內容包括現在給孩子一個小獎勵，或等待十五分鐘後給他們兩個小獎勵。如果孩子沒有屈服於「馬上可以吃掉一塊棉花糖」的誘惑，就會得到第二塊棉花糖或椒鹽脆餅的獎勵。在等待的這十五分鐘裡，你可以從拍攝孩子的影片看到抵抗棉花糖的誘惑有多麼困難，他們既緊張又焦慮，有些人最終屈服於誘惑，也有些人成功忍到研究人員再次進入房間的十五分鐘後。

多年之後，研究發現，比較立即狼吞虎嚥的吃掉第一塊棉花糖的學齡前兒童，能夠延遲滿足的孩子在美國大學入學測驗（SAT）中得分更高，獲得更多學術榮譽，甚至肥胖程度也較低。關於棉花糖實驗的最新研究顯示，社會經濟因素在個人如何看待資源（如食物）和對權威（實驗者）的信任方面扮演關鍵角色。因此，儘管延遲滿足感的力量來源因人而異，但這股力量確實強勁有力，這是不容爭辯的事實。

這一切和你的錢又有什麼關係？

在心理上，我們將累積財富的核心行為，也就是儲蓄和投資，視為當前的損失。除此之外，在我們心中，為將來存錢的感覺其實和放火燒錢差不多。只為了未來朦朧的好處，就捨棄現在獲得新事物或享受有趣活動的快感，簡直感覺糟透了。然而，延遲滿足實際上是一把萬能鑰匙，幾乎可以打開每一扇通往更美好生活的門。如果你能在生活中做到延遲滿足，你也可以在財務上做到這一點。

猶他州立大學副教授李潤（Yoon Lee）博士發現，能夠捨棄不健康食物的成年人，理財能力也較佳。[186]李博士說：「在日常生活中會有意識的選擇較健康食物的人，在做財務決定時也傾向做出更好的選擇。」研究顯示，體重指數較高（即較不健康）的人，家庭收入較少，資產淨值也較低。

實行延遲滿足的祕訣是讓它成為習慣，並將這個概念融入日常生活裡。雖然按下貪睡鈕的感覺總是比天未亮就起床跑步更好，但我們知道，定期運動是我們可以採取的最有益行動之一。根據預防控制中心（CDC）的說法，運動不但可以改善腦部健康、控制隨著年齡增加的體重、降低疾病風險，還能強化骨骼和肌肉。[187]

讓我們將延遲滿足的心態與行動，應用到我們與金錢的關係上。雖然我們知道今天把錢花在某件事上，當下的感覺一定比將錢存起來留給明天更好，但未來的我們會因此感謝自己。搶劫現在的自己是有價值的，也是高尚的行為。紐約布魯克林的金融行為學家雅奎特・M・提蒙（Jacquette M. Timmons）表示，儲蓄的力量具有「好感的連結」，「它能增強你的信心，讓你知道自己已為未來做好準備。」我們不如直接用數字來解釋延遲滿足可以帶來的好處：只要你每月額外投資一百美元，持續三十年，在年報酬率八％的情況下，你的退休金就會增加十五萬美元。多出這些錢，有誰會不喜歡呢？[188]

在生活中持續延遲滿足的另一個好處是，它可以讓那些即時享樂的時刻變得更美好。研究顯示，無論是在財務上揮霍，還是享用美食，只要不常這樣做，就會更具有正面影響力。想讓餅乾變得更好吃，或想讓自己對新買的物品喜愛得更久嗎？那就讓它變成值得紀念的事件，而非習慣。

拒絕今日的少量享受，會為將來帶來很多好處，你將因此更快樂、更健康、更富有。最棒的是，只要延遲滿足成為日常生活的一部分，那麼偶爾寵愛自己的花費將使你得到更大的喜悅。

消費炫耀是讓自己最快沒錢的方式

尼古拉・特斯拉（Nikola Tesla）是個天才，在電力方面創造出許多革命性的發明。他擁有多項相關專利，為科學和技術突破做出重大貢獻。但和許多專家一樣，這位工程師也有其古怪的一面，他的某些舉動著實令他的同儕倍感困惑。

他有許多奇怪的習慣和儀式，其中之一是對鴿子的迷戀。這位塞爾維亞裔美國人會花上幾個小時在紐約餵養和照顧受傷的鴿子。儘管據說他很害怕病菌，但他還是特地在實驗室開一扇窗，讓鴿子飛進來。他與一隻白鴿特別親密，聲稱他倆陷入熱戀。

他的奇特之處不止於此。特斯拉強烈厭惡珍珠和其他圓形物體。他拒絕與佩戴珍珠項鍊的女性交談，只要一看到這類珠寶就會立刻離開房間。沒有人知道他為什麼討厭這些海中珍寶。還有，特斯拉有許多與數字三相關的強迫症行為。他會洗三次手，並在進入建築物前習慣繞行建築物三圈。最極端的儀式也許是他處理餐巾紙的方式：特斯拉在吃飯前必會摺疊十八張餐巾紙，因為十八可以被三整除。

異常的睡眠習慣、產生幻象和幻覺是他生活的一部分。他聲稱每晚只需睡兩個小時，他的一些發明是在腦中浮現的生動幻象和偶爾出現的幻覺中構思出來的。

特斯拉過於投入他的研究和科學，他從未結婚，因為他害怕結婚會影響工作，其他的社交活動也置於他的研究和發明之後。這些怪癖顯然有些是基於強迫症或類似的原因，但另一些則是他投入自己熱愛的領域自然得到的結果。

儘管特斯拉性格古怪，但或許正因為他的性格古怪，他在科學和工程上貢獻良多。交流（A／C）電氣系統、無線通訊以及其他工程奇蹟全由他主導，這些奇蹟持續影響今日由科技驅動的世界。

我要強調，我的意思不是你應該愛上一隻鴿子或摺一疊餐巾紙。我想說的是，讓自己從在意他人想法的枷鎖中解放出來，可以有效做出更好、更個人化的財務決策。特斯拉的睿智之處在於，只有當我們擺脫試圖取悅他人、遵循他人期望的束縛時，我們才能在財務和個人方面獲得真正的自由。

為了給別人留下好印象，我們不理智的過度消費，對財務造成損害。**這種超支的情況到底有多嚴重呢？**

根據二〇二二年線上借貸平台LendingTree的調查，近四成美國人揮霍的原因只是為了炫耀。[189]這些人當中最常見的消費項目是服裝、鞋子、配飾和禮物。二七%的人因超支預算而負債累累；七七%的受訪者對於為了在家人、朋友、甚至是對門的鄰居（沒錯，又是瓊斯家！）面前裝闊而過度消費，表示後悔。

幽默作家羅伯特・奎林（Robert Quillen）在將近一百年前曾打趣的說，人類犯下「用你還沒賺到的錢、買你不需要的東西來討好你不喜歡的人」的罪。我們買的東西可能和上個世紀的人有些不同，但是我們的行為模式依然沒變。你知道整件事最糟糕的是什麼嗎？這麼做，其實一點效果都沒有。

想像自己在週日悠閒的開著車，溫暖的午後微風徐徐吹來。你遇到紅燈，迎面駛來一輛花俏跑車或經過修復的老爺車，你會想：「哇，這輛車真酷！」當你凝視它獨特的設計和完美的光澤時，你會希望自己也能擁有這麼棒的車。綠燈亮起，兩輛車繼續上路，但你從未將目光移向駕駛，然後想：「哇，這人真酷！」

上述故事是由作家摩根・豪瑟提出的「超跑車主的矛盾」，豪瑟在洛杉磯一家高級飯店擔任服務生時，觀察到這種被稱為「聚光燈效應」（spotlight effect）的現象。這種認知偏差主張，我們以為別人在我們身上投射的注意力，實際上沒有那麼多。[190]然而，這種誤解導致我們在財務上過度放縱，希望別人覺得我們「很酷」。[191]豪瑟在他的《致富心態》（*The Psychology of Money*）做出的結論相當一針見血：「花錢向別人炫耀自己多有錢，其實是最快讓自己愈來愈沒錢的方法。」

聚光燈效應不僅導致超支，也常得到社交焦慮和整體心理健康變差的結果。這種偏差源於自我中心的傾向，以及過度依賴自身觀點和初始資訊所形成的「錨定效應」（anchoring effect）所造成。因此，個人往往會高估其他人注意自己的行為或外表變化的程度。一旦意識到自己具有這種偏見，可以幫助我們做出更平衡的判斷，避免不必要的焦慮。不過，就像許多行為怪癖一樣，光是意識到它們存在，並無法讓你對它們免疫。

整理一下前面說的，我們之所以會忍不住在衣飾和汽車上花大錢，往往是受到以為人們在密切注意我們的錯誤信念所影響。實際上，他們和你一樣，注意力都只放在自己身上。同時，為了自我感覺良好而產生的消費行為，最後幾乎沒有例外的會讓我們後悔。

如何才能擺脫這個惡性循環呢？

不如試試以下方法：

- **專注於個人成長和接納：**想給別人留下深刻印象，代表我們對自我價值的認同是建立在他人的認可之上。當你開始意識到本身已經足夠時，給人留下深刻印象的需求就會逐漸消失。

- **減少接觸社交平台**：這些平台就像製造比較文化的自動化生產線，導致個人自我感覺不好。減少使用社交媒體的時間有助於改善整體健康狀況，減少因不切實際的標準引發想要取悅他人的欲望。研究發現，每天將使用社交媒體的時間限制在每個平台十分鐘的人，其憂鬱感和孤獨感皆會明顯下降。[192]這兩種情緒通常會讓人想揮霍購物，以提高自己心中的社會地位，雖然只會徒勞無功。
- **進行有創意的實驗**：你為了給別人留下深刻印象，所做的幾乎都是順應潮流的行為；做出一些前所未有的新事物卻恰恰相反。當你開始創造屬於自己的真實情況，不再模仿別人，你的觀點就會隨之改變。
- **尋找你的同伴**：朋友會對你的行為產生很大的影響。選擇真正欣賞並接納你的朋友，不必一直想要給外人留下深刻的印象。小說家傑克・凱魯亞克（Jack Kerouac）這麼描述這種朋友：「一群瘋狂的人、瘋狂的生活、瘋狂的說話、瘋狂的渴望被拯救，同時渴望著一切，從不無聊，從不平凡，像是照亮夜色的煙花一樣不斷的燃燒、燃燒、燃燒。」和這樣的朋友在一起，你必然會經歷一段令人興奮的自我發現和實現之旅。

歸屬感是人類最原始、最自然的渴望之一。孤獨並不好，但歸屬於一個膚淺的群體會永遠無法讓你滿足。找到與我們擁有同樣想法、創意和共同價值觀的人，就能避免踩進為了被接納而不得不花錢、空虛的自我中心主義。

擁有某物不等於成為某人

想要更多是人類的天性。我們總想擁有更大、更好、更潮的東西。先不論好壞，但我們的貪婪本性將全球自由市場經濟推向全新的高峰。這是事實。無論是顛覆產業的新創公司推出的革命性小工具，或是個人非常想要的奢華新睡袍，想要更高級、更精緻的物質野心和欲望，其實沒有錯。不過，對於你我這樣的消費者來說，當我們無法控制「想要添購與升級」的本能時，危險就悄悄來臨。

這種趨勢被稱為「狄德羅效應」（Diderot Effect），指的是一種看似無害的購買行為，卻將我們帶入極端消費主義的深淵。

丹尼斯・狄德羅（Denis Diderot）是十八世紀著名的法國哲學家，也是《百科全書》的共同創作者之一。他雖然沒有太多的物質財富，卻過著滿足的生活。可是，當狄德羅發現自己沒有足夠的資

產為女兒準備嫁妝時，一切都變了。凱瑟琳女皇（Catherine the Great）聽說他出現財務問題，提出以一千英鎊（約現在六萬美元）購買他所有的藏書。有了這筆現金的資注，狄德羅得以為女兒添購嫁妝，舉行奢華婚禮，還為自己買下幾件心儀之物。

狄德羅幫自己買了一件鮮紅色的長袍。這件華麗的服飾在他的衣櫃中格外顯眼，他自然而然的認為有必要提升其他衣服的水準，才配得上這件令人讚嘆的華麗長袍。就這樣，他開始像一隻倉鼠般在看重物質的轉輪上不停奔跑。狄德羅評論自己：「一點都不協調，不一致，不美麗。」在他的心目中，唯一的解決方法就是購買更多媲美華麗長袍的新衣。

在一連串的奢侈購物之後，他的家中堆滿雕塑和精美家具。這位哲學家也陷入我們同樣飽受困擾的消費陷阱。一次揮霍引發下一次、下下一次的揮霍。我們在倉鼠轉輪上不斷奔跑，讓無數的企業行銷部門欣喜若狂。

狄德羅效應可能會讓你的家裡和生活充滿奢華氛圍，卻搶走你銀行帳戶的餘額。購買新車、跟上時尚潮流，甚至擁有高階家電，都是不錯的目標，但是當物品不斷累積，幸福感卻停滯不前時，你就犯下個人理財上的大忌。這時候你不妨借用整理大師近藤麻理惠（Marie Kondo）的專長，幫助自己簡化生活，提升滿足感。

其中一個訣竅被稱為「買一送一」，也就是每購買一件物品，就丟掉（或捐贈）一件本來就擁有的物品；另一個建議是減少接觸誘因。正如作家詹姆斯．克利爾（《原子習慣》作者）指出，幾乎每個習慣都是由誘因引發，因此取消訂閱電子報，避免在消耗預算的購物中心閒逛，以及限制在購物網站上瀏覽的時間，都有助於減輕狄德羅效應。畢竟，我們的真正目標是享受生活，並確保未來的財務狀況良好。

恰克．帕拉尼克（Chuck Palahniuk）的小說《鬥陣俱樂部》（*Fight Club*）描繪現代文化中狄德羅效應的樣貌。書中講述一個人過著平凡的生活，做著一份令人厭倦的工作，透過享受物質生活獲得多巴胺的刺激。不久之後，主角變成名下財產的奴隸，認為他所擁有的事物就是他的個人價值。「鬥陣俱樂部」是一個由暴力份子組成的地下叛亂組織，他在那個世界裡深深體會到消費主義文化不但膚淺，而且有害。

故事中最著名的一句話是「你擁有的東西，最終會擁有你」，或許也是對當今消費文化的貼切形容。就好像我們期待擁有一些東西來填補內心的空虛，即使這種空虛永遠無法由物質財富滿足。相反的，擁有這些身外之物的欲望卻經常支配我們的行為，控制我們的思想，犧牲自由與和平。

《鬥陣俱樂部》敦促我們透過人際關係和個人成長來發掘滿足感，而不是沉迷於物質來獲得某種驗證，從而對抗這個由消費主義驅動的社會。這本小說及其翻拍的電影不僅描述大買特買造成的消費循環，也道出我們容易將擁有什麼誤認為就是個人的價值。

驅使我們渴求更多物質消費的部分原因是，想買東西的時候，**大腦幾乎分不清「擁有某物」和「成為某人」的差別**。「擁有某物等於成為某人」這件事告訴我們，只要擁有某件物品，我們就會成為它所代表的那種人。因此，我們大腦真的認為只要買下泰格豪雅牌的摩洛哥手錶（Tag Heuer Monaco），我們就能像知名好萊塢動作片影星兼賽車冠軍史提夫・麥昆（Steve McQueen）一樣輕鬆變得超酷。如果這是真的，將是一條了不起的捷徑，因為只要買了手錶，你不但擁有酷炫的人格，還讓人覺得你值得他們攀談。然而，經過長時間的檢驗，就能證明「擁有某物」與「成為某人」之間的連結是虛幻的，無論購買前你有看起來多麼引人矚目的憧憬，假的就是假的。

在電影《鬥陣俱樂部》中，由愛德華・諾頓（Edward Norton）飾演的主角，對由布萊德・彼特（Brad Pitt）飾演泰勒・德頓（Tyler Durden）說，在他因為火災失去所有之前，他的人生幾乎沒什麼缺憾。他細數自己如何組裝一套不錯的立體音響系統、一組完美無瑕的餐具、一個漂亮的衣櫃，以及其他一些中產階級身邊代表成功的物品。德頓的回應是他在影片中最棒的台詞之一，他試著打破對方「擁有某物」等於「成為某人」的謬誤：

> 你的工作不代表你是誰，你的銀行餘額不代表你是誰。你開的車不代表你是誰。你錢包裡有什麼不代表你是誰。你的……穿著也不代表你是誰。

從現實生活中的狄德羅、美國商業大亨霍華休斯（Howard Hughes），到虛構的《鬥陣俱樂部》的主角，我們看到人類很容易在自我創造的崎嶇道路上尋求捷徑，從而繞道，最後走向消費主義。當然，這件事本身就已經夠糟，但在「擁有某物」等於「成為某人」的謬誤與狄德羅效應結合後，我們不只認為自己和我們的穿著劃上等號，而且我們的穿著還會引發一連串的後續購買效應。試圖維持這層自我表象，卻注定徒勞無功。

為了擺脫這兩個偏誤交纏在一起的循環，你得先問自己幾個困難的問題：

- 購買這個物品是因為我覺得它能讓別人看得起我嗎？
- 是否有更持久的方式，在不需要消費的情況下，能讓我成為自己渴望成為的人？
- 這次購買會衍生出哪些額外購買？

我寫這篇文章的時候，身處一個絕對沒有立場說這些話的環境。我的家塞滿一大堆個人興趣

的物品。我有一個裝滿喬登（Jordans）周邊產品的櫃子，但我的彈跳力絕對不可能打破任何選秀測試紀錄；我收藏很多棒球卡，只是用來掩飾我根本打不到曲球的事實；我展示的藏書既是我的知識庫，也能讓訪客開啟自以為是的對話。

任何人都不可能完全克服只要我們能買到「X」，就能成為「Y」的欲望。我並不是說我們應該捨棄所有的物質，只買幾隻羊、幾隻雞，過著與世隔絕的生活。然而，加深我們對於「擁有某物等於成為某人」的謬誤與狄德羅效應兩大幻覺的理解，我們可以花更多的時間在真正的自我實現，而不再浪費時間去尋找、購買我們以為會讓我們變得更完整的東西。

「過度自信」阻礙完善財務計畫

即使是對人類行為學不怎麼了解的一般學生，也會隱約意識到人類具有過度自信的傾向。也就是說，他們會認為自己比同齡人更幸運、更有才華、對未來更有先見之明。

詹姆斯．蒙蒂爾在《行為投資法》（*Behavioural Investing: A Practitioner's Guide to Applying Behavioural Finance*）指出，超過九成五的人認為自己的幽默感高於平均水準。《追求卓越》的作者彼得斯（Peters）和沃特曼（Waterman）亦指出，百分之百的受訪男性認為自己的人際關係技巧高於平均水準，九四％的男性認為自己的運動能力高於一般人。

過度自信的問題從小就困擾著美國民眾。我曾在《行為投資金律》中引用一項研究，顯示美國高中生的能力僅被評為一般，但當這些學生被問及他們對自己數學能力的信心程度，他們的數字卻居於世界之冠。黎索茲財富管理公司（Ritholtz Wealth Management）執行長兼全國廣播公司商業頻道（CNBC）固定評論員喬許．布朗（Josh Brown）在他的《華爾街幕後》（*Backstage Wall Street*）書中評論該項研究結果，他指出：「雖然一般而言，有自信也許是一件好事，但是平庸的數學能力加上過度自信，確實是當今投資界的一大問題。」

過度自信在我們的社會中根深柢固，只不過人們並不了解它到底有多糟糕。話說回來，這種傾向可能是所有偏見的始祖。諾貝爾獎得主丹尼爾．康納曼稱它是「認知偏差中最重要的一個」，他表示，如果無法認清自己的過度自信，就會阻礙我們踏上改善自己財務的旅程。

就像戒毒一樣，第一步是承認問題的存在，但過度自信的人往往會忽略阻礙自己進步的因素。幸運的是，有一個可靠的方法可以指出我們的盲點，而且是一種免費、簡單、自古以來就存在的方法，那就是「教導他人」。

著名物理學家理查．費曼（Richard Feynman）經常用一個強而有力的方法，讓自己認清「自己認為知道的」和「我們實際知道的」兩者之間的差距。費曼是諾貝爾獎得主，他在量子力學和量子電動力學的貢獻備受推崇。我敢說他對自己的專長瞭如指掌。一九六〇年代加州理工學院邀請他任教，他欣然接受。費曼是一位世界知名的物理天才，他在專業能力上還有另一項優勢：當他走上講台，站在黑板前，很快的就意識到自己在物理學理解上的局限性。他發現，要向初學者解釋複雜的概念需要的不只是專業知識。回歸物理學基礎原理的過程讓他明白自身知識基礎的不足。

在他的教學生涯中，他意識到自己將研究領域中某些方面視為理所當然。他傳遞知識時遇上的阻礙，讓他定期重新學習本來以為自己早就知道的東西。這種重新打好基礎的心態，促使費曼以全新的、不同的方式探索相關主題。最終，在教學裡發現自己的不足反而變成他的靈感，激勵他提出突破性的見解和研究進展。

費曼也默默的對行為經濟學做出重大貢獻。在意識到自己的知識不足後，他建立一個可分成四部分的流程來辨識和克服這些不足，同時還能減少過度自信的問題：[193]

1. 選擇要學習的概念

你可以深入研究任何事情。無論是熟悉的概念還是全新的概念，只要有一定程度的興趣，就能利用線上資源，甚至人工智慧來加快學習速度。**寫下有關該主題的所有知識，然後按其組成部分拆解，徹底理解。**

2. 教導初學者

對大多數人來說這是最具挑戰性的部分。雖然你可以想像自己在教導觀眾，但指導真人的效果會更好；對方能夠給予回饋，並提出問題來測試你的理解能力。這麼做將會找出知識缺口。

3. 複習並填補你的知識缺口

遭受無情的學生攻擊之後，你就該回到工作崗位上好好想想自己為什麼要這樣做。像是費曼提出的，專注於聽眾指出的不足之處。這裡的目標是將自己的弱勢轉化為強項。

4. 進一步簡化並減少噪音

光成為專家是不夠的。你闡述概念的方式必須連五歲孩子都可以理解，才算具有教學能力。正如費曼發現的，這一步對於測試自己對於任何學科領域的真正掌握程度至關重要，可以引導你走上全新的道路。

費曼使用的技巧源於我們在研究過度自信時經常看到的事：精確性（specificity）可以對抗自我膨脹。

這是什麼意思？

假設我問你是否認為自己聰明，你很可能給我肯定的答案；但如果我的問題改成「你是否認為自己在數學方面很聰明」呢？你可能會這麼回應：「呃，嗯，大概還可以吧！」接下來，我問得更深入，比如你在線性代數方面的能力。如果你和大多數人一樣，可能已經開始流汗了吧？

面對諸如「我的理財能力如何？」之類模糊的問題時，大多數人同樣會心想，「是的，我至少和其他人一樣好」，完全沒有意識到「我們認為的」和「我們實際知道的」知識之間存在相當大的差距，以及這些差距在儲蓄、投資和捐贈時的影響。

透過教導孩子、朋友或同事某個概念，我們可以使討論更為具體，發現自己的理解不足，努力加以補救。最棒的是，它會形成一個良性循環，不僅加深自己的理解程度，還能讓我們向社交圈的其他人傳授理財知識。

「事前驗屍法」建立解決問題的應變力

「在你的腦海想像自己成功的畫面，並將它牢牢刻在心底。頑強的抓緊這個景象。永遠不要讓它褪色。你的大腦會試圖去發展這個畫面……不要在你的想像中設置障礙。」諾曼・文生・皮爾（Norman Vincent Peale）在《向上思考的祕密》（*The Power of Positive Thinking*）中提倡樂觀主義，背後的邏輯其實很簡單，就讓它銷售超過五百萬冊，成為被翻譯成四十種語言的超級暢銷書。在我上大學時，奶奶送過我一本，我猜她大概很看不慣當時滿腦子都是法國存在主義且喜怒無常的我。

皮爾的成功在於他描繪一個吸引人的願景，一個充滿信念的樂觀世界。但正如你在這本書所看到的，有時候，與看似明智的選擇背道而行，也可能有其意義。這一切讓我不禁想問：

有沒有想像最壞的狀況才能帶來最好結果的時候？

消極想像（negative visualization）是幾千年前斯多葛學派發明的方法。他們稱之為「預設災難」，或者「對邪惡的事先冥思」（Premeditatio Malorum）。奧古斯都大帝馬可・奧理略（Marcus Aurelius）和政治家塞內卡（Seneca）也是斯多葛派的哲學家，他們常會詳列出一切可能導致災難的事。當時在穿越森林或公海的旅程中，只要一個錯誤行動就可能導致死亡。儘管如今大多數人都能幸運的避開致命的海上航行，但先衡量一下你的資金可能會出什麼問題，對達成財務自由的能力會產生正面的影響。

消極想像的基本概念是，想像可能發生的最壞情況會降低現實恐懼的程度。透過提前檢查所有盲點，你自然可以先定備案，在財務旅程遇上障礙時，不至於被打得措手不及。

以下是一種理解在現代背景中「預想災禍」的好方法：想像自己正在參加工作會議，老闆概述一項銷售策略，據稱絕對會增加下一季的業績。你很懷疑。你環顧會議室，其他人顯然也這麼認為。在腦海中，你開始思考你聽到的內容所有可能的缺陷。

最糟糕的情況是沒有人願意出聲，指出老闆的想法可能出現什麼問題。實際上，在提出策略的同時，應該一併進行風險管理，避開任何可能的相關陷阱。這種消極想像的方法其實已經成為全球董事會必備的檢查項目。事實證明，這種方法可以將找出未來失敗原因的機率提高三成。

對於投資者而言，消極想像有助於了解財務風險及其帶來的問題。當挫折發生時，你不僅覺得自己準備好了，甚至可能萌生感激之情，好像你在感謝年輕的自己考慮全盤情況，而不只是執著於樂觀的角度。這種感激之情會激勵你更有勇氣在財務自由的道路上繼續前進。

只考慮好的一面所獲得的快樂，往往轉瞬即逝，但基於最壞情況的可能性所做的規畫，卻能帶來持久的內心平靜。

到了現代，這樣古老的「預設災禍」藝術出現解決方案。「事前驗屍法」（pre-mortem）列出一份看得見的問題檢查清單，為任何計畫預留應變空間，小到在溼滑的浴缸中淋浴的風險，大到在波動的市場中存退休金。這種正面迎擊的方式不但能夠解決不可避免的問題，同時還能提供彈性和靈活的應變能力。事後驗屍，是在事情發生後分析問題的原因；事前驗屍則是在事前檢視所有負面結果的可能。心理學家斷言，這個過程可以防止潛在的失敗問題。

回到公司會議室的例子。老闆在簡單扼要的向團隊介紹他的計畫之後，應該要求每個人寫下該計畫若是失敗所有的可能原因。接下來，團隊成員必須輪流提出他們的理由，直到所有人表達完畢。之後，就可以列出該計畫的弱點和威脅的完整清單，並將其納入策略考量之中。

你可以將開會的邏輯應用到個人理財。以下是可以採取的步驟：

1. **決定對你有意義的財務目標：**白紙黑字的列出金錢在生活中的用途。「為我們夫妻提供退休基金」、「為我的孩子提供大學教育」，或一些比較沒那麼正經的目標，像是「完成我的棒球卡收藏」。

2. **想像失敗，擁抱失敗**：這是你即使滿身泥濘也必須爬過的地方，也是事前驗屍法的精髓。想像一下財務出問題的情況，問自己：「如果我在某個時限內還沒有實現其中一個目標，可能的原因會是什麼？」失業、意外的巨額帳單，或只是股市走勢不佳？這些都有可能導致你無法實現財務目標。

3. **確定潛在原因**：找出每個可能失敗的原因。背後可能是一長串的理由，過度消費、忽略建立且維持應急基金、沒有隨著生活的改變而更新保單，或是寄望於永無止境的牛市。這些都是可能的陷阱。

4. **權衡風險**：評估每個原因的可能性和機率，並將它們拉回現實上。考慮你最有可能遇到哪些潛在的麻煩，以及哪些會對你的財務目標產生最大的負面影響。

5. **降低風險**：是採取行動的時候了。制定策略，減少這些風險發生的可能性，以及一旦發生時所造成的影響。聯繫財務顧問可能對此過程有幫助。建立應急基金，確保投資組合多元化，調整保單範圍，並且努力提高你的專業技能。

6. **付諸實踐**：將事前驗屍法的行動原則付諸實踐，不但需要養成新的理財習慣，連舊有的方法都必須反省檢討。雖然不容易，但可能必須改變生活方式。

7.經常回顧和更新：正如穩健的財務計畫，監控和維護步驟不該被忽視。你的生活中會冒出新的風險，適應此時此地的環境變化，可以避免你在多年後遇上財務災難。

投資在本質上就是一種樂觀行為，建立在明天會更好的信念之上。然而，看似矛盾的是，為了降低投資決策的風險，我們事前還是必須以悲觀的心態、深思熟慮的檢視所有可能的失敗。包括未能適當控制受股市風險影響的數量、儲蓄不足或保險的保障不足，以及沒有向值得信賴的專家尋求建議，這些都是常見的投資問題。

事實證明，想像事情會變得多糟糕，確實是一件好事。一件對我們有極大利益的好事。

末日預言家為什麼顯得比較聰明？

人類天生有將過去「浪漫化」的傾向，心理學家稱之為玫瑰色回憶（rosy retrospection）。由於我們以玫瑰色濾鏡看待回憶，很容易產生一種錯覺，以為充斥在現代頭條新聞的厄運和負面情緒是最近才出現的。然而，各傳播媒體早就明白恐懼最能吸引大眾目光，因此以頭頭是道的口吻描述即將發生的災難，根本不是什麼新鮮事。

為了證明這一點，讓我們回到十八世紀末。人口學家湯瑪斯・羅伯特・馬爾薩斯（Thomas Robert Malthus）提出著名的「馬爾薩斯災難」（Malthusian Catastrophe），主張人口成長最終將超過地球資源的負荷，導致大規模的饑荒、疾病和社會崩潰。根據馬爾薩斯預言的理論，人口可能以指數成長，但糧食產量卻是呈線性成長，兩者間的差距將造成災難，導致土地、水和能源等資源危機。在滾雪球效應下，貧窮襲捲全球，人類很快就會看到且感受到資源短缺。馬爾薩斯預測，過度擁擠、衛生環境惡劣和食物缺乏，將普遍性的導致痛苦和疫病。為了緩解這一連串不可避免的危機，這位英國神職人員提出兩種限制人口成長的機制。

令人感到不安的地方來了。

馬爾薩斯所謂的兩種機制，一是由於區域衝突增加和營養不良導致的死亡率上升，加上自然災害造成更多的生命損失，使全球人口減少的「積極抑制」（positive checks）。再與人類採行限制生育、推遲結婚年齡、敦促人們禁欲或避孕等「預防抑制」（preventative checks）相結合，以達限制人口成長的最大效果。馬爾薩斯認為，除非人口成長受到抑制，否則大眾將遭受苦難，社會也隨之崩潰。

自從兩百多年前他發表《人口論》（*An Essay on the Principle of Population*）後，引發許多至今尚未平息的爭議。不可否認的是，在客觀分析關鍵統計數據的同時，全球情況相當不錯。如果馬爾薩斯先生得知當今人類的預期壽命已經超過七十歲（即使在 Covid-19 導致平均壽命下降後），他必然大吃一驚。畢竟一八〇〇年代全球平均壽命只有二十八．五歲，即使是生活條件較佳的歐洲人，也不過才三十三．三歲。[194]

現在的傳染病威脅也大大降低。舉例來說，天花曾導致三分之一的感染者死亡。到了一九八〇年，創新和科技帶來的疫苗使得天花不再成為全球的主要威脅。[195]自馬爾薩斯的年代以來，兒童死亡率的下降趨勢或許最為激勵人心。一八〇〇年時，美國五歲以下的兒童中，每一千名中有四百六十三人死亡，表示一八〇〇年出生的每一千名嬰兒中，超過四六％的嬰兒未能活到五歲生日。如今，這個數字約為千分之七。[196]

世界上絕對有一些地方不如活在已開發國家的人那麼幸運，我沒有說地球上任何時候、任何地方都很安好。然而，在大趨勢上，我們的生活確實比起幾個世紀前好很多。

在社會經濟學的歷史上，馬爾薩斯的主張並非獨一無二，還有許多未實現的世界末日預言。如果你問我，我甚至覺得其中幾個聽起來相當有說服力。以權威的語氣說出大膽、悲觀的預言，總是很容易顯得強而有力。不信嗎？看下面五個例子：

1.《人口炸彈》（*The Population Bomb*，一九六八）預測，人口激增將導致嚴重的糧食短缺。保羅・埃利希（Paul Ehrlich）在書中推測世界末日將發生在二十世紀末。如今看來，他的預言顯然失效。農業技術發展以及更進步的糧食生產物流使得「炸彈」降級為一顆啞彈。

2.一九七〇年代和一九八〇年代，酸雨被認為是危害人類的下一個主要風險。雖然工業活動對局部生態系統產生負面影響，但損害程度相當有限。更重要的是，後來增訂的法規和緩解措施大幅減少酸雨危害的可能性。

3. 一九七〇年代和二〇一〇年代中期，人們擔心全球石油儲量即將耗盡，從而導致能源危機、經濟體系面臨沉重壓力，造成社會動盪。透過創新的鑽井技術以及可再生能源持續的開發轉型，科技再次上演完美救援。

4. 另一個在一九九〇年代盛行的世界末日預言同樣沒有實現。「數位黑暗時代」（Digital Dark Age）指的是技術過時導致電腦資料無法存取，造成重要資訊與知識流失的災難，但在千禧年來臨之際已經迎來光明的結局。時至今日，資料數位保存的進步緩和部分風險，網路安全變成一個龐大產業；只不過，對於隱私權的憂慮依然高漲。

5. 我個人最愛的預言是二〇一二年的「馬雅末日劫難」（Mayan Apocalypse）。許多人可能記得「馬雅長紀年曆」（Mayan Long Count）如何預言世界末日會在哪一天來臨，也一度成為社交媒體上的熱門話題。最終，這天到了，又平安過了，沒有發生任何足以稱為世界末日的事件，成為另一個被破解的謠言。

在上述的每個例子裡，聰明的（通常是善意的）個人或團體提出一個灰暗的未來，嚇壞許多人，並因此催化進一步的行動，引發一連串有意義的經濟效應。每個預言都以失敗告終，騰出位子給一個雖不完美、但也沒那麼黑暗的未來。

人類心理究竟怎麼了？為何如此容易受到這些危言聳聽的預言影響？

事實證明，人類確實天生有將負面觀點與智慧混為一談的傾向，這種傾向引導我們的大腦將世界末日預言家貼上「先知」的標籤，甚至會不理性的相信他們真的擁有預知未來的能力。

我在社交媒體上總是見到類似狀況。你大概也經常看到誇張和負面的推文、令人震驚的 TikTok 影片、以及批判口吻的部落格文章，比起對於當代正面的看法更能吸引大眾的注意力。甚至因此衍生出一個專有名詞：過度批判主義（hypercriticism）。

對於這個現象的研究，可以追溯到一九八〇年代哈佛商學院的特雷莎・阿馬比爾（Teresa Amabile）所進行的實驗。她召集一群學生，要求他們評價同一篇書評的兩個版本，一個偏負面、一個偏正面。五十五名學生普遍認為負面評論者更聰明、更有能力，但是「不太有熱情，相較之下有點殘忍」。

當我們想讓別人認為我們很聰明時，這種負面傾向也會變得相當明顯。中密西根大學（Central Michigan University）心理學家布萊恩・吉布森（Bryan Gibson）曾經要求學生兩人一組，共同觀看一支短片，然後寫一篇評論交給對方。吉布森指示其中一些學生試著讓自己的評論令同儕感到溫暖，另外一些人則被告知要表現得聰明一點。最後，那些試圖給人留下聰明印象的學生普遍被認為兇悍直接、尖酸刻薄。

在我們的社會裡，最負面的人往往被給予過多讚譽。與此同時，世界卻不斷的往前走，也不斷變得更好，人們的壽命愈來愈長，生活得愈來愈健康，教育程度也比以往任何時候都高；全球的貧窮人口比例已經從一八〇〇年的八〇％，下降到一〇％以下。[197]

更顯著的是，在美國，車禍死亡人數在一九三七年達到每十萬人有二十九．四人的高峰；到了二〇二一年，卻已不到十三人。在一九七二年，汽機車總死亡人數達到五萬四千五百八十九人的高點，儘管接下來四十九年上路的駕駛增加數百萬人，死亡總人數在二〇二一年卻反而減少一萬兩千多人。[198]

對於所有支持減少工時的人來說，還有另一個好消息。一八七〇年，美國每人每年的總工作時數為三千零九十六小時；到了二〇一七年，這個數字下降四三％，只剩一千七百五十七小時。[199]儘管現代人必須應付許多無意義的會議和不勝其數的公事電子郵件，但我們比起過去，仍然用更少的時間完成更多的工作。

馬丁・路德・金恩（Martin Luther King Jr.）博士有句名言：「道德宇宙的弧線雖長，但它終會彎向正義。」類似的真理適用於全球、人類與他們創造的企業及組織上。我們邁向平等、繁榮與和平的步伐雖然蹣跚且凌亂，不夠完美，但長期來看，依舊穩定朝著進步的方向前行。

今天的投資就是你對自己的信念投下的一票，因為你相信明天會更好，你實際表達未來會比現在更加繁榮的信心。幸運的是，有大量數據支持我們的樂觀看法，陪伴我們一起走向光明的未來。

投資報酬率並非「兩性平等」

一九五〇年代，英國科學家羅莎琳．富蘭克林（Rosalind Franklin）還相當年輕，卻已經在化學界和晶體學界嶄露頭角。她的研究有一部分的重心放在產生DNA纖維的高品質X光影像，最經典的「照片51號」就是富蘭克林最著名的傑作，連同其他突破性的重大發現，為DNA的雙螺旋結構提供令人信服的證據。

富蘭克林的男性同事一邊利用她的X光繞射實驗和她從中找到的新發現，一邊排擠她。詹姆斯．華生（James Watson）和法蘭西斯．克里克（Francis Crick）未經富蘭克林允許便使用她的研究成果，建立自己的DNA三維分子排列模型。他們在一九五三年發表論文，富蘭克林則在一九五八年因卵巢癌過世，享年三十七歲。[200]

富蘭克林對生命奧祕的革命性研究成果直到近年才被承認。她所進行的遺傳學研究日後獲得諾貝爾獎，但富蘭克林卻不在獲獎之列。[201]她在生前未曾得到應得的讚譽，死後才得以實現。

我們很容易將富蘭克林的故事視為過去性別歧視時代的遺毒，但資料顯示，今天的金融界裡華生和克里克所表現出行為仍普遍存在：我們輕視女性的意見，我們的狀況也因此變得更糟。

儘管每年都會在性別平等上都有所進展，但是，請絕對不要低估女性在金融服務和投資管理等男性主導的領域中的寶貴貢獻。因為，事實是，在金錢方面，女性就是比男性優秀。

我的前同事拉拉．科維洛（Lara Coviello）和我合作，檢視有關女性投資者在股市波動期間表現的文獻，結果證明，像女人一樣投資是一種致勝策略。雖然研究顯示，女性通常比較沒有自信，但根據專門追蹤投資績效的應用程式 Openfolio 的資料，女性在熊市中的表現勝過男性一．三％。[202]富國銀行（Wells Fargo）的一項研究顯示，紀律、學習意願、以及謹慎承擔風險等特質，都是她們具有優勢的理由。男性會憑直覺行事，女性則傾向採取更謹慎、更有研究基礎的方法。

富達投資（Fidelity）的研究更是令人震驚。儘管有證據顯示，女性在家庭和職業環境中表現都優於男性，而且風險評估能力更是敏銳，但僅有九％的受訪者（其中半數為女性）預期女性在投資管理方面勝過男性。更令人擔憂的是，只有四七％的女性有信心與專業人士談論她們的錢。紐約人壽（New York Life）發現，四〇％的女性認為，財務顧問對她們的態度與對待男性客戶不同，往往會直接忽略她們的意見。[203]

驚訝的是，女性是更優秀的投資者，但是她們卻覺得自己比不上男性，而且也被視為不如男性。這顯然不只是文化上的問題。女性的平均壽命本來就比男性長，但退休收入卻只有男性的八三%，因此許多女性會面臨相當不穩定的財務狀況。[204]

讓我們整理一下已知的研究成果：在零售業和華爾街，女性的報酬率都比男性高；她們更有紀律、較不衝動，通常會將自負擱在一旁，不像男性往往過度自信。簡言之，她們才是最厲害的「行為投資人」。然而，即使到了今天，當我們想像一位經驗豐富的成熟基金經理或顧問時，也不會想到女性。根據CFA協會（資產管理公司的首要認證機構）的數據，會員中只有一八%是女性。[205]想像一下，如果我們能將女性會員的比例提高到五〇%，金融服務業的情況該有多好。

除了彭博終端機（Bloomberg Terminal）*和選股利基之外，有許多證據顯示，公司董事會的性別多樣化確實可以改善績效。研究發現，併購交易中如果有女性加入董事會，經常能將收購報價推得更高。女性通常會在決策過程中進行更深入的分析，並激發更加深入的討論。[206]根據二〇二一年

*編注：一套由彭博開發的軟體，彙集各市場的即時資料、新聞快報、深度研究報告、強大分析、通訊工具，以及世界級的交易功能。

澳洲的一項研究，完全由男性組成的董事會，其失敗率比由兩性組成的董事會高出三七%。[207]

就像一九五〇年代的富蘭克林一樣，在重大決策上女性仍然被忽視。儘管她們擁有雄厚的財務實力，但無論是在辦公室，還是在廚房餐桌上，她們往往受到壓制，逐漸削弱自信。在已婚夫婦中，八二%的男性表示他們主要負責調整投資，大多數女性（五八%）則表示她們負責更多日常消費的決定。[208]因此，儘管女性在日常財務瑣事上和男性平起平坐，但在執行重大投資決策方面，卻遠遠落後於男性。

金融研究時常受到各種交叉因素的影響，變得錯綜複雜，但這裡提出的證據相當明確：女性是出色的投資者。無論談的是哪一種交易，只要能讓女性在談判桌上占一席之地，我們都將從中獲益。

你賺得的財富，不代表你很努力

美國人最珍視的美德之一，是願意自力更生，努力工作，得到經濟上的成功。充滿挑戰、實現抱負、白手起家的百萬富翁，他們的故事誰不愛聽？這類鼓舞人心的劇情之所以在流行電視和電影中隨處可見，並非巧合。

勇於走自己的路是美國精神的核心。身為熱血的美國人，要是被告知我們辛辛苦苦賺來的錢並非百分之百歸功於自己時，會覺得被冒犯。這一點在二〇一二年美國總統大選中看得最清楚。當時的候選人巴拉克．歐巴馬（Barack Obama）演講時，談到：「如果你有一家公司，那不是你建立的。」立即引發軒然大波，後來對手更是沒少拿這件事做文章。即使那時的社交媒體才剛興起，這句話也還是引起病毒式傳播。右派斥責歐巴馬對待辛勤工作的企業家語氣太過輕蔑；左派則表示，這句話主要是在強調國內基礎建設的好處，而非否定個人的卓越表現。

無論你站在政治的哪一邊，不可否認的事實是，真正的財富往往是集體創造出來的。行為科學顯示，當我們在腦海中拼湊自己是如何達到今天的成就時，會低估環境因素，並且高估自己的天賦。

史上最偉大的投資者對這個問題有什麼看法？華倫．巴菲特曾說，他出生在美國就等於贏得「投胎樂透」，因為他的資本主義直覺和分析能力只有在美國才能得到最好的報酬。如果他出生在發展中國家，他可能至今仍是一個無名小卒。如果他出生在一八三〇年或二〇二〇年，而不是一九三〇年，他的職業生涯又會變成什麼樣子呢？他算是生逢其時，因為他在二十歲出頭的那幾年，正是美國資本家投入即將快速成長的股票市場的最理想時期。

當然，別忘了喜歡投資債券的人。「債券之王」比爾．葛洛斯（Bill Gross）的職業生涯在利率最高時起步。他在動盪的一九七〇年代開始涉足金融領域，其資產管理生涯的大部分時間都與固定收益債券蓬勃發展的時期吻合。十年期國庫券利率從一九八〇年代初期接近一六％，緩慢下降至二〇一二年的二％以下。長達四十年的債券牛市無疑是葛洛斯能一帆風順的主因。

上述不是要貶低巴菲特和葛洛斯的傑出表現，我只不過想強調，正確的地點和時間對於我們的財務生活至關重要。如果你很富有，你必須格外努力的將自負擱在一邊。研究顯示，相對富裕的人傾向將自己的財富過度歸功於他們自認的優勢，同時低估外部因素的重要性。在金錢之旅中加入一些謙遜的元素，可以改善我們的心態。

根據加州大學柏克萊分校的研究，豪華車主在路上做出自私、甚至危險行為的可能性比起一般駕駛人還要高。在研究駕駛讓路給行人的機率時，開豪華汽車的人較不願意為了接近斑馬線的路人停下來。下次當你過馬路時，請小心那些BMW和賓士！這篇論文還指出，富裕的人通常比較缺乏同理心，這也導致他們忽略他人對自身成功所做的貢獻。

我們都可以在回首過去時，發現到生命中改變財務狀況的關鍵時刻。工作上的重大晉升、遇到一位有影響力的導師，或是在運氣不佳時伸出援手的家人。但是，在重溫我們的財務成就時，卻往往會忽略一些不那麼明顯的狀況。

種族、性別，甚至階級等社會經濟因素，在我們的財務生活中仍然扮演重要的角色。優質教育、獲得醫療照護的機會，以及童年時與聰明且進取的人相處的優勢，皆會將富人和窮人區分開來。然而，這些對於太多人來說往往是無法控制的變數。

使自己抱持謙卑的關鍵步驟，是大方承認命運和機會的角色。對於不如你幸運、沒有得到相同機會的人，抱持同理心和同情心有助於社會團結，並有助於減少危及整體經濟的長期財務健康的不平等現象。奉行感恩和回饋，對你和子孫都有好處，也會給予更多人實現財務目標的機會。

財務上的成功必定結合運氣和努力。重要的是，我們必須記得運氣和努力會相互影響，也要認同他人，以及更大、更不可控的大環境也有所貢獻。在我們取得成功後，不要放過任何可以伸出援手的機會。

畢竟，就像法國女歌手兼演員伊迪絲・琵雅芙（Edith Piaf）說的：「當你到達頂樓時，應該記得將電梯送回來給其他人。」

致謝

寫書是一件耗時且令人抓狂的事，它甚至會讓你忽略生命中最重要的人。以下是我在寫這本書時不小心忽略的一些人，我很慶幸他們仍然留在我身邊：

- 卡崔娜（Katrina）——謝謝妳用美麗的鏡頭記錄生活，讓一切順利運轉。
- 夏洛特（Charlotte）——謝謝妳提供的範例、推薦的音樂和一針見血的幽默感。
- 連恩（Liam）——謝謝你的笑聲、你的善良，並好心充當我的運動夥伴。
- 蘿拉（Lola）——謝謝妳照亮我每一天的溫馨留言和手繪卡片。
- 爸媽——謝謝你們相信我的潛力，即使是在潛力還晦暗不明的時候。
- 梅格（Meg）、莎拉（Sarah）和加勒特（Garrett）——謝謝你們給予我無可替代的溫暖親情。
- 娜娜（Nana）——謝謝妳的直言不諱、持續關懷和對洋芋片的熱情。
- 卡爾（Karl）和希格（Hege）——謝謝你們不遺餘力的推廣我的作品，你們永遠在我身邊。
- 傑夫（Jeff）、提姆（Tim）和約書亞（Josh）——謝謝你們幾十年來的支持和友誼。

- 艾瑞克・克拉克（Eric Clarke）——你是謙遜與領導的最佳偶像。
- 布萊恩・麥勞夫林（Brian McLaughlin）——謝謝你溫和善良的個性和持續的指導。
- 麥克・扎卡迪（Mike Zaccardi）——謝謝你從一開始就支持這本書。
- 娜歐蜜・溫博士（Dr. Naomi Win）——謝謝妳幫助我以全新的眼光看待我的工作。
- 寇特妮・麥奎德（Courtney McQuade）——妳是心靈健康的最佳典範。
- 提拉・威廉斯（Tra Williams）——謝謝你總是騰出時間，並向我展示一切皆有可能。
- 史黛西・哈芬納（Stacy Havener）——謝謝妳製播完美的播客，給我許多商業靈感。
- 尼爾（Neil）、艾本（Eben）和馬克斯（Max）——謝謝你們向我的家人展示美好的一天。
- 麥克（Mike）和達拉斯（Dallas）——為了B.O.I.，謝謝你們。
- 魯斯迪・范恩曼（Rusty Vanneman）——謝謝你免費分享無可挑剔的音樂品味。
- 瑞索米（Resolme）和卡斯楚（Castro）家族，以及米拉馬爾湖區（Lake Miramar Ward）——謝謝你們的友誼和關懷。

對於所有曾經讀過我的書籍、參加過我的講座或收聽過「標準差」（Standard Deviations）節目的人，我衷心感謝你們讓我得以從事這份我深愛的工作。

注釋

1 Lydia Saad, "Seven in 10 Americans Likely to Set Goals for 2023," GALLUP（January 5, 2023）.

2 Beverlee Warren, "The Top Five Regrets of the Dying: A Life Transformed by the Dearly Departing by Bronnie Ware," *Baylor University Medical Center Proceedings*（2012）.

3 "PERMATM Theory Of Well-Being And PERMATM Workshops," Positive Psychology Center, University of Pennsylvania, School of Arts and Sciences.

4 "The Greatest American Novels you should read," penguin.co.uk（November 19, 2020）.

5 Daniel Kahneman and Angus Deaton, "High Income Improves Evaluation of Life But Not Emotional Well-Being," *Proceedings of the National Academy of Sciences*, Vol. 107:38（September 2010）, 16489–16493.

6 Michele W. Berger, "Does Money B uy Happiness? Here's What the Research Says," *Knowledge at Wharton*, Wharton, University of Pennsylvania（March 28, 2023）.

7 Sonja Lyubomirsky, Kennon M. Sheldon, and David Schkade, "Pursuing Happiness: The Architecture of Sustainable Change," *Review of General Psychology*, Vol. 9:2（2005）, 111–131.

8 Kira M. Newman, "How Much of Your Happiness is Under Your Control?" *Greater Good Magazine*, University of California, Berkeley（February 18, 2020）.

9 Joshua Becker, "79%Of Americans Believe More Money Will Make Them Happier: Here's Why They're Wrong," *Forbes*（April 26, 2022）.

10 www.imdb.com

11 www.usps.com

12 www.firmsofendearment.com

13 Victor J. Strecher, "Finding Purpose and Meaning In Life: Living for What Matters Most," University of Michigan.

14 Victor J. Strecher, *Life on Purpose: How Living for What Matters Most Changes Everything*（HarpeOne, 2016）.
15 Elizabeth W. Dunn, Lara B. Aknin, and Michael I. Norton, "Spending money on others promotes happiness," *Science*（2008）.
16 Soyoung Q. Park, Thorsten Kahnt, Azade Dogan, Sabrina Strang, Ernst Fehr, and Philippe N. Tobler, "A neural link between generosity and happiness," Vol. 8 *Nature Communications*（2017）.
17 John F. Helliwell, Haifang Huang, Shun Wang Professor, and Max Norton, "Happiness, Benevolence, and Trust During COVID-19 and Beyond," World Happiness Report（March 18, 2022）.
18 L. B. Aknin, C. P. Barrington-Leigh, E. W. Dunn, J. F. Helliwell, J. Burns, R. Biswas-Diene, I. Kemeza, P. Nyende, C. E. Ashton-James, and M. I. Norton, "Prosocial spending and well-being: Cross-cultural evidence for a psychological universal," *Journal of Personality and Social Psychology*, Vol. 104:4（2013）, 635–652.
19 Lara B. Aknin, J. Kiley Hamlin, and Elizabeth W. Dunn, "Giving Leads to Happiness in Young Children," *PLoS ONE*, Vol. 7:6（June 14, 2012）.
20 Ken Honda, *Happy Money: The Japanese Art of Making Peace with Your Money*（Simon & Schuster, 2014）.／《快樂錢商》，星出版
21 Emily Sohn, "Why the Great Molasses Flood Was So Deadly," history.com（January 15, 2019）.
22 "Doing makes you happier than owning – even before buying," *Cornell Chronicle*, Cornell University（September 2, 2014）.
23 Anthony P. Carnevale, Stephen J. Rose and Ban Cheah, "The College Payoff," The Georgetown University Center on Education and the Workforce（2011）.
24 Ann Garcia, *How To Pay For College*（Harriman House, 2022）.
25 Amanda Bucceri Androus, "Here's How Much Your Healthcare Costs Will Rise as You Age," RegisteredNursing.org（September 8, 2023）.
26 "How to plan for rising health care costs," Fidelity（June 21, 2023）.
27 Tim Brinkhof, "The real reason Vincent van Gogh cut off his ear," BigThink（April 21, 2023）.
28 W. M. Runyan, "Why did Van Gogh cut off his ear? The problem of alternative explanations in psychobiography," *Journal of Personality and Social Psychology*（June 1981）.
29 Matt Suwak, "Conquer Self-Doubt With Vincent van Gogh," FactoryTwoFour（May 20, 2021）.
30 Dietrich Blumer, "The Illness of Vincent van Gogh," *The American Journal of Psychiatry*, Vol. 159:4（April 1, 2002）.

31 Maev Kennedy, “Van Gogh ‘cut off his ear after learning brother was to marry’,” *Guardian*（October 31, 2016）.

32 Lingxi Gao, Bochi Sun, Ziqing Du, and Guangming Lv, “How Wealth Inequality Affects Happiness: The Perspective of Social Comparison,” *Frontiers in Psychology*, Vol. 13（April 11, 2022）.

33 “Social comparisons drive income’s effect on happiness in states with higher inequality,” *ScienceDaily*, University of Illinois at Urbana-Champaign（April 13, 2021）.

34 Matt Johnson, “How Social Comparison Drives Our Happiness, Wealth, and Social Media Status,” neuroscienceof.com.

35 Joshua Brown and Joel Wong, “How Gratitude Changes You and Your Brain,” *Greater Good Magazine*, Berkeley, University of California（June 6, 2017）.

36 Mingli Liu, Kimberly E. Kamper-DeMarco, Jie Zhang, Jia Xiao, Daifeng Dong, and Peng Xue, “Time Spent on Social Media and Risk of Depression in Adolescents: A Dose–Response Meta-Analysis,” *International Journal of Environmental Research and Public Health*,Vol.19:9（April 24, 2022）

37 Caleb Naysmith, “Blockbuster Had The Opportunity To Buy Netflix For $50 Million But ‘Laughed Them Out Of The Room’: A $150 Billion Mistake,” Benzinga（May 25, 2023）.

38 John Corrigan, “How many unused vacation days do Americans leave on the table?” *Human Resouces Director*（December 12, 2022）.

39 Joyce Marter, “How to Prevent Overwork and Burnout,” *Psychology Today*（July 11, 2021）.

40 Davide Di Gioia, Anu R. Ganti, Craig Lazzara, and Grace Stoddart, “SPIVA U.S. Mid-Year 2023,” S&P Dow Jones Indices（September 21, 2023）.

41 Benjamin Graham and Jason Zweig, *The Intelligent Investor*（Harper Business, 2006）.╲《智慧型股票投資人》，寰宇出版.

42 Tim Kasser and Kennon M. Sheldon, “Time Affluence as a Path toward Personal Happiness and Ethical Business Practice: Empirical Evidence from Four Studies,” *Journal of Business Ethics*, Vol. 84（2009）, 243–255.

43 Ashley V. Whillans, Aaron C. Weidman, and Elizabeth W. Dunn, “Valuing time over money is associated with greater happiness,” *Social Psychological and Personality Science*, Vol. 7:3（2016）, 213–222.

44 Ashley V. Whillans, Elizabeth W. Dunn, Paul Smeets, and Michael I. Norton, “Buying time promotes happiness,” *Proceedings of the National Academy of Sciences*, Vol. 114:32（July 24, 2017）.

45 Tanza Loudenback, "Study: Adding 20 Minutes to Your Commute Makes You as Miserable as Getting a 19 Percent Pay Cut," Inc.com（October 23, 2017）.

46 Piotr Bialowolski, Dorota Weziak-Bialowolska, Matthew T. Lee, Ying Chen, Tyler J. VanderWeele, and Eileen McNeely, "The role of financial conditions for physical and mental health. Evidence from a longitudinal survey and insurance claims data," *Social Science & Medicine*, Vol. 281（July 2021）.

47 "Big-Picture Thinking Leads to the Right Money Mindset," Capital One（January 27, 2020）.

48 Meghan C. Evans, Mohsen Bazargan, Sharon Cobb, and Shervin Assari, "Mental and Physical Health Correlates of Financial Difficulties Among African-American Older Adults in Low-Income Areas of Los Angeles," *Front Public Health*, Vol. 8:21（2020）.

49 "Financial stress is hurting relationships, well-being & organizational success," BrightPlan, 2023 Wellness Barometers Survey.

50 Willis Towers Watson.

51 "Exercise and Salary: Exercising Regularly Leads to Receiving Better Pay," Real Men Real Style（December 4, 2023）.

52 The Human Side of Money podcast, Ep. 30, "Exploring The Mindsets and Motivations Driving Money Decisions with Rachel Cruze."

53 Maurie Backman, "You don't need that: Average American spends almost $18,000 a year on nonessentials," USA Today.

54 Stephanie Mansfield, "Inside the World's Richest Rivalry: Doris Duke and Barbara Hutton," *Town & Country*（April 26, 2017）.

55 Patrick F. Fagan, Kirk A. Johnson, and Jonathan Butcher, "The Map of the Family,"The Heritage Foundation.

56 Julia A. Heath and B. F. Kiker, "Determinants of Spells of Poverty Following Divorce," *Review of Social Economy*, Vol. 50:3（1992）, 305–315.

57 "Effects of Divorce on Financial Stability," Marripedia.

58 "Divorce and Money Study," Fidelity.

59 Sonya Britt, "The Intergenerational Transfer of Money Attitudes and Behaviors," *Journal of Consumer Affairs*（2016）.

60 Jinhee Kim, Jaslean LaTaillade, and Haejeong Kim, "Family processes and adolescents' financial behaviors," *Journal of Family and Economic Issues*, Vol. 32:4（2011）, 668–679.

61 Jinhee Kim and Swarn Chatterjee, "Childhood financial socialization and young adults' financial management," *Journal of Financial Counseling and Planning*, Vol. 24:1（2013）, 61–79.

62 Adam Hancock, Bryce Jorgensen, and Melvin Swanson, "College Students and Credit Card Use: The Role of Parents, Work Experience,

Financial Knowledge, and Credit Card Attitudes," *Journal of Family and Economic Issues*, Springer, Vol. 34:4 （2013）, 369–381.
63 Soyeon Shim 1, Bonnie L Barber, Noel A Card, Jing Jian Xiao, and Joyce Serido, "Financial socialization of first-year college students: The roles of parents, work, and education," *Journal of Youth and Adolescence*, Vol. 39:12 （2010）.
64 Bradley Klontz, Sonya L. Britt, and Kristy L. Archuleta, "Disordered Money Behaviors: Development of the Klontz Money Behavior Inventory," *Journal of Financial Therapy*, Vol. 3:1 （2012）.
65 Deborah A. Cobb-Clark, Sonja C. Kassenboehmer, Mathias G. Sinning, "Locus of control and savings," *Journal of Banking & Finance*, Vol. 73 （December 2016）, 113–130.
66 Tim Fallaw, "What's Your Role In Your Financial Outcomes?" DataPoints （September 13, 2022）.
67 Andrea Koczela, "Ten Facts You Should Know about Albert Einstein," BooksTellYouWhy.com （March 12, 2014）.
68 "Einstein: Renowned Genius, Tabloid Dream," ABC News （April 10, 2007）.
69 "Financial Self-Improvement: Exploring Americans' Perception of Their Financial Strengths and Weaknesses," couponfollow.com.
70 Ryan Ermey, "98％ of Americans have at least 1 money bias, research finds — and it's costing them," CNBC （January 14, 2022）.
71 "Stress in America," American Psychological Association.
72 Benjamin E. Hilbig, "Good Things Don't Come Easy （to Mind）," *Experimental Psychology* （July 2012）.
73 "Want to exercise more? You're much more likely to stick with an activity you enjoy," The Muscle Clinic （January 15, 2017）.
74 Jo Salmon, Neville Owen, David Crawford, Adrian Bauman, and James F Sallis, "Physical activity and sedentary behavior: A population- based study of barriers, enjoyment, and preference," *Health Psychology*, Vol. 22:2 （March 2003）.
75 David Noonan, "Failure Found to Be an 'Essential Prerequisite' for Success," *Scientific American* （October 30, 2019）.
76 Jeremy Adam Smith, "How to Learn From Your Failures," *Greater Good Magazine*, University of California, Berkeley （August 24, 2022）.
77 Nachum Sicherman, George Loewenstein, Duane J. Seppi, and Stephen P. Utkus, "Financial Attention," Oxford University Press on behalf of The Society for Financial Studies （2015）.
78 Ben Carlson, "How Often Should You Expect a Stock Market Correction?" *A Wealth of Common Sense* （January 20, 2022）.
79 Brad M. Barber, Yong-Ill Lee, Yu-Jane Liu Peking, and Terrance Odean, "Do Day Traders Rationally Learn About Their Ability?" （January 2014）.

80 Robin Liefeld, "Clothing Optional: Victor Hugo's Unconventional Writing," Medium.com（September 20, 2023）.

81 Benjamin Gardner, Phillippa Lally, and Jane Wardle, "Making health habitual: the psychology of 'habit-formation' and general practice," *British Journal of General Practice*, Vol. 62:605（December 2012）.

82 Peter J. Bayley, Jennifer C. Frascino, and Larry R. Squire, "Robust habit learning in the absence of awareness and independent of the medial temporal lobe," *Nature*, Vol. 436:7050（July 28, 2005）.

83 C. L. Hull, "Principles of behavior: An introduction to behavior theory," American Psychological Association（1943）.

84 Phillippa Lally, Cornelia H. M. van Jaarsveld, Henry W. W. Potts, and Jane Wardle, "How are habits formed: Modelling habit formation in the real world," *European Journal of Social Psychology*, Vol. 40:6（July 16, 2009）.

85 Benjamin Gardner, Phillippa Lally, and Jane Wardle, "Making health habitual: The psychology of 'habit-formation' and general practice," *British Journal of General Practice*, Vol. 62:605（December 2012）.

86 同上。

87 Ferris Jabr, "Does Thinking Really Hard Burn More Calories?" *Scientific American*（July 18, 2012）.

88 Erin Lowell, "How Much Should I Budget for Eating Out?" YNAB（January 26, 2022）.

89 J. Bomyea, H. Ramsawh, T. M. Ball, C. T. Taylor, M. P. Paulus, A. J. Lang, and M. B. Stein, "Intolerance of uncertainty as a mediator of reductions in worry in a cognitive behavioral treatment program for generalized anxiety disorder," *Journal of Anxiety Disorders*, Vol. 33（June 2015）.

90 Nicholas Carleton, "Fear of the unknown: One fear to rule them all? Author links open overlay panel," *Journal of Anxiety Disorders*, Vol. 41（June 2016）, 5–21.

91 Christian C. Luhmann, Kanako Ishida, and Greg Hajcak, "Intolerance of Uncertainty and Decisions About Delayed, Probabilistic Rewards," *Behavior Therapy*, Vol. 42:3（September 2011）, 378–386.

92 Mike Zaccardi, "Chart of the Week: Quarantined Cash," topdowncharts.com（May 12, 2020）.

93 Ben Carlson, "The Long-Term Wins," Awealthofcommonsense.com（January 15, 2023）.

94 Bob Pisani, "Long-term investors shouldn't worry too much about stocks being 10％off their highs," CNBC（January 25, 2022）.

95 Brett McKay and Kate McKay, "What the Race to the South Pole Can Teach You About How to Achieve Your Goals," The Art of Manliness（April 22, 2012）.

96 Denise T. D. de Ridder, Gerty Lensvelt-Mulders, Catrin Finkenauer, F. Marijn Stok, and Roy F. Baumeister, "Taking stock of self-control: A meta-analysis of how trait self-control relates to a wide range of behaviors," *Personality and Social Psychology Review*, Vol. 16:1（2012）, 76–99.

97 Wilhelm Hofmann, Roy F. Baumeister, Georg Förster, and Kathleen D. Vohs, "Everyday temptations: an experience sampling study of desire, conflict, and self-control," *Journal of Personality and Social Psychology*, Vol. 102:6（2012）, 1318–1335.

98 Marina Milyavskaya and Michael Inzlicht, "What's So Great About Self- Control? Examining the Importance of Effortful Self-Control and Temptation in Predicting Real-Life Depletion and Goal Attainment," *Social Psychological and Personality Science*, Vol. 8:6（2017）.

99 Angela L. Duckworth, Katherine L. Milkman, and David Laibson, "Beyond Willpower: Strategies for Reducing Failures of Self-Control," *Psychological Science in the Public Interest*, Vol. 19:3（February 13, 2019）.

100 Veronika Job, Gregory M. Walton, Katharina Bernecker, and Carol S. Dweck, "Implicit theories about willpower predict self-regulation and grades in everyday life," *Journal of Personality and Social Psychology*, Vol. 108:4（2015）, 637–647.

101 "Stress in America 2022," American Psychological Association.

102 "New Payoff Study Finds Nearly 1 in 4 Americans and 1 in 3 Millennials Suffer From PTSD-Like Symptoms Caused by Financially Induced Stress," *Business Wire*（April 20, 2016）.

103 Aswath Damodaran, "Historical Returns on Stocks, Bonds and Bills: 1928–2023," NYU Stern.

104 Steven H. Chapman, Mitchell P. LaPlante, and Gail Wilensky, "Life Expectancy and Health Status of the Aged," *Social Security Bulletin*, Vol. 49:10（October 1986）.

105 Tristan McConnell, "Today's 5-year-olds will likely live to 100. What will their lives be like?" *National Geographic*（February 24, 2023）.

106 Rob Williams, "5 Ways Financial Planning Can Help," Charles Schwab（January 13, 2022）.

107 N. N. Taleb, *Antifragile*（Random House, 2014）.／《反脆弱：脆弱的反義詞不是堅強，是反脆弱》，大塊文化

108 "Investment Company Fact Book," Investment Company Institute（2023）.

109 Joe Pappalardo, "New Transatlantic Cable Built to Shave 5 Milliseconds off Stock Trades," Popular Mechanics（October 27, 2011）.

110 Maurie Backman, "Does the Average American Have a 401（k）?" *The Motley Fool*（June 19, 2017）.

111 Megan Leonhardt,"Only a third of Americans say they avoid this investment mistake," CNBC（May 17, 2019）
112 Michael Jones, "Life Insurance Statistics and Industry Trends To Know in 2023," Annuity.org（October 16, 2023）.
113 Rob Williams, "5 Ways Financial Planning Can Help," Charles Schwab（January 13, 2022）.
114 Bespoke Investment Group, "Strategists' 2008 S&P 500 Price Targets," Seeking Alpha（July 23, 2008）.
115 "Putting a value on your value: Quantifying Advisor's Alpha," Vanguard（August 12, 2022）.
116 "2019 Value of an Adviser Report," Russell Investments.
117 "World Obesity Atlas 2023," World Obesity Federation（March 2023）.
118 "Tobacco," WHO（July 31, 2023）.
119 "Doctors, Nurses and Smoking: Understanding Smoking Among Medical Professionals," Tobaccofreelife.org.
120 Ilana Boivie and Nari Rhee, "The Continuing Retirement Savings Crisis," National Institute on Retirement Security（March 2015）.
121 Rohit Chopra, "As outstanding credit card debt hits new high, the CFPB is focusing on ways to increase competition and reduce costs," Consumer financial Protection Bureau（April 17, 2023）.
122 Jessica Dickler, "With 62％of Americans living paycheck to paycheck amid inflation, more people have a side job," CNBC（March 28, 2023）.
123 Jeffrey Pfeffer and Robert I. Sutton, *The Knowing-Doing Gap: How Smart Companies Turn Knowledge into Action*（Harvard Business School Press, 2000）.
124 Samantha Lamas and Ray Sin, "Behavioral Nudges for Goals-Based Financial Planning," Morningstar.
125 Dilip Soman and Amar Cheema, "Earmarking and Partitioning: Increasing Saving by Low-Income Households," *Journal of Marketing Research*, Vol. XLVIII（November 2011）, S14–S22.
126 "Goals-based investing in volatile markets," SEI（September 28, 2022）.
127 Robert Exley Jr., "Set goals and automated withdrawals to boost your savings by more than 70％, a financial psychologist says," CNBC（December 29, 2021）.
128 Herb Weisbaum, "Here's what happens when you miss your credit card payments," NBC（August 28, 2018）.
129 Nicholas A. Christakis and James H. Fowler, "The Spread of Obesity in a Large Social Network over 32 Years," *The New England Journal of Medicine*, Vol. 357（2007）, 370-379.

130 Jean Baldwin Grossman and Joseph P. Tierney, "Does mentoring work? An impact study of the Big Brothers Big Sisters program," *Evaluation Review*, Vol. 22:3 （1998）, 403–426.

131 Thomas Niederkrotenthaler, Arno Herberth, and Gernot Sonneck, "The 'Werther-effect': Legend or Reality?" *Neuropsychiatry*, Vol. 21:4 （2007）, 284–290.

132 Nicholas A. Christakis and James H. Fowler, "The Collective Dynamics of Smoking in a Large Social Network List of Authors," *The New England Journal of Medicine*, Vol. 358 （2008）, 2249–2258.

133 David Burkus, "You're NOT The Average Of The Five People You Surround Yourself With," Medium.com （May 23, 2018）.

134 Russell W. Belk, "Three Scales to Measure Constructs Related to Materialism: Reliability, Validity, and Relationships to Measures of Happiness," Advances in Consumer Research, Vol. 11 （1984）, 291–297.

135 Helga Dittmar, Rod Bond, Megan Hurst, and Tim Kasser, "The relationship between materialism and personal well-being: A meta-analysis," *Journal of Personality and Social Psychology*, Vol. 107:5 （2014）, 879–924.

136 Emma L. Bradshaw, James H. Conigrave, Ben A. Steward, Kelly A. Ferber, Philip D. Parker, and Richard M. Ryan, "A meta-analysis of the dark side of the American dream: Evidence for the universal wellness costs of prioritizing extrinsic over intrinsic goals," *Journal of Personality and Social Psychology*, Vol. 124:4 （2023）, 873–899.

137 Tim Kasser and Richard M. Ryan, "A dark side of the American dream: Correlates of financial success as a central life aspiration," *Journal of Personality and Social Psychology*, Vol. 65:2 （1993）, 410–422.

138 Lisa Ryan and Suzanne Dziurawiec, "Materialism and Its Relationship to Life Satisfaction," *Social Indicators Research*, Vol. 55:2 （2001）, 185–197.

139 M. Joseph Sirgy, "Materialism and Quality of Life," *Social Indicators Research*, Vol. 43 （1998）, 227–260.

140 Cheryl D. Fryar, Jeffery P. Hughes, Kirsten A. Herrick, and Namanjeet Ahluwalia, "Fast Food Consumption Among Adults in the United States, 2013–2016," NCHS Data Brief No. 322 （October 2018）.

141 Lauren Hirsch, Ephrat Livni, Sarah Kessler, and Bernhard Warner, "Why Do Almost Half of Americans Leave Paid Time Off on the Table?" *The New York Times* （May 27, 2023）.

142 John Corrigan, "How many unused vacation days do Americans leave on the table?" *Human Resources Director* （December 12, 2022）.

143 David Dunning, "Self-Insight: Roadblocks and Detours on the Path to Knowing Thyself," *Psychology Press*（2005）.
144 Maddie Shepherd, "Local Shopping Statistics: Facts on Buying Local," Fundera by NerdWallet（January 23, 2023）.
145 Laura Silver, Patrick van Kessel, Christine Huang, Laura Clancy, and Sneha Gubbala, "What Makes Life Meaningful? Views From 17 Advanced Economies," Pew Research Center（November 18, 2021）.
146 Anna Miller, "Can this marriage be saved?" *Monitor on Psychology*, 44:4, American Psychological Association（April 2013）.
147 Isabel V. Sawhill, Morgan Welch, and Chris Miller, "It's getting more expensive to raise children: And government isn't doing much to help," The Brookings Institution（August 30, 2022）.
148 Alan D. Blotcky, "The toll of parental alienation on children," *Contemporary Pediatrics*（April 8, 2022）.
149 Matthew Zane, "What Percentage of People Are Fired?" Zippia（March 3, 2023）.
150 ECMC Group.
151 "Survival of private sector establishments by opening year," bls.gov.
152 Lyle Daly, "U.S. Millionaires and Billionaires: You Might Not Believe the Wealth," *The Motley Fool*（March 15, 2023）.
153 "60% of Americans Now Living Paycheck to Paycheck, Down from 64% a Month Ago," Lending Club（February 28, 2023）.
154 "How Hyundai Sells More When Everyone Else Is Selling Less," Knowledge at Wharton（June 10, 2009）.
155 Kristina Monllos, "'Right thing to do at the right time': The definitive oral history of Hyundai's assurance program," Digiday（March 31, 2020）.
156 Dale Buss, "Hyundai Reprises 'Assurance' Program For Coronavirus Era," *Forbes*（March 31, 2020）.
157 Susan Stamberg, "How Andrew Carnegie Turned His Fortune Into A Library Legacy," NPR（August 1, 2013）.
158 "Andrew Carnegie," Carnegie Mellon University.
159 Sandra C. Matz, Joe J. Gladstone, and David Stillwell, "Money Buys Happiness When Spending Fits Our Personality," *Psychological Science*, Vol. 27:5（2016）.
160 Marie-Claire Eylott, "Mary Anning: the unsung hero of fossil discovery," Natural History Museum.
161 SPIVA, S&P Global.
162 Diarmuid Coughlan, Pedro F. Saint-Maurice, Susan A. Carlson, Janet Fulton, and Charles E. Matthews, "Leisure time physical activity throughout adulthood is associated with lower medicare costs: evidence from the linked NIH-AARP diet and health study cohort," *BMJ*

Open Sport & Exercise Medicine, Vol. 7:1 （2021）.
163 Guido Cozzi, Silvia Galli, and Noemi Mantovan, “Will a shrink make you richer? Gender differences in the effects of psychotherapy on labour efficiency,” *European Economic Review*, Vol. 109 （October 2018）, 257–274.
164 Anton James Duvall, “Calculating a mentor’s effect on salary and retention,” *Financial Management* （December 1, 2016）.
165 Martin E. P. Seligman, Tracy A Steen, Nansook Park, and Christopher Peterson, “Positive Psychology Progress: Empirical Validation of Interventions,” *American Psychologist*, Vol. 60:5 （July 2005）, 410–421.
166 “Giving thanks can make you happier,” Harvard （August 14, 2021）.
167 Courtney E. Ackerman, “Benefits of Gratitude: 28+ Surprising Research Findings,” positivepsychology.com （April 12, 2017）.
168 “Giving thanks can make you happier,” Harvard （August 14, 2021）.
169 S.-T. Cheng, P. K. Tsui, and J. H. M. Lam, “Improving Mental Health in Health Care Practitioners: Randomized Controlled Trial of a Gratitude Intervention,” *Journal of Consulting and Clinical Psychology*, Vol. 83 （2015）, 177–186.
170 Bryan J. Dik, Ryan D. Duffy, Blake A. Allan, Maeve B. O’Donnell, Yerin Shim, and Michael F. Steger, “Purpose and meaning in career development applications,” *The Counseling Psychologist*, Vol. 43:4 （2015）, 558–585.
171 David DeSteno, Ye Li, Leah Dickens, and Jennifer S. Lerner, “Gratitude: A Tool for Reducing Economic Impatience,” *Psychological Science*, Vol. 25:6 （April 23, 2014）.
172 Risa Gelles-Watnick and Andrew Perrin, “Who doesn’t read books in America?” Pew Research Center （September 21, 2021）.
173 Quoctrung Bui and Claire Cain Miller, “The Typical American Lives Only 18 Miles From Mom,” The New York Times （December 23, 2015）.
174 “Where are meme stock investors now? Ally survey finds the majority still own a meme stock,” ally.com （February 18, 2022）.
175 “Four Simple Ways to Apply EAST Framework to Behavioural Insights,” The Behavioral Insights Team.
176 https://www.chicagobooth.edu/review/save-more-tomorrow.
177 Lenka H. Shriver, Barbara J. Marriage, Tama D. Bloch, Colleen K. Spees, Samantha A. Ramsay, Rosanna P. Watowicz, and Christopher A. Taylor, “Contribution of snacks to dietary intakes of young children in the United States,” *Maternal & Child Nutrition*, Vol. 14:1 （2018）.
178 Giovanni Sogari, Catalina Velez-Argumedo, Miguel I. Gómez, and Cristina Mora, “College Students and Eating Habits: A Study Using

an Ecological Model for Healthy Behavior," *Nutrients*, Vol. 10:12（December）.
179 Robert A. Emmons and Michael E. McCullough, "Counting Blessings Versus Burdens: An Experimental Investigation of Gratitude and Subjective Well-Being in Daily Life," *Journal of Personality and Social Psychology*, Vol. 84:2（2003）, 377–389.
180 Fred B. Bryant and Joseph Veroff, "Savoring: A new model of positive experience," American Psychological Association（2007）.
181 Kira M. Newman, "Is Social Connection the Best Path to Happiness?" *Greater Good Magazine*, University of California, Berkeley（June 27, 2018）.
182 Benjamin Graham and Jason Zweig, *The Intelligent Investor*（Harper Business, 2006）, p. 374. ／《智慧型股票投資人》，寰宇出版
183 Christopher H. Browne, *The Little Book of Value Investing*（Wiley, 2006）. ／《打敗法人的價值投資法》，商周出版
184 Burton Malkiel, *A Random Walk Down Wall Street*（W. W. Norton & Company, 2020）. ／《漫步華爾街》，天下文化
185 Jeff Sommer, "Clueless About 2020, Wall Street Forecasters Are at It Again for 2021," *The New York Times*（December 18, 2020）.
186 "New Research Finds Link Between Financial Status and Body Weight," Association for Financial Counseling & Planning Education.
187 "Benefits of Physical Activity," Centers for Disease Control and Prevention.
188 "How to save money and feel happier," *The Globe and Mail*（October 7, 2019）.
189 Jacqueline DeMarco, Dan Shepard, and Pearly Huang, "Keeping Up With the Joneses: Nearly 40% of Americans Overspend to Impress Others; Most Want to 'Feel Successful'," Lending Tree（August 29, 2022）.
190 "Personal Finance Advice: Beware of 'The Man in Car' Paradox," YouTube.
191 "Why do we feel like we stand out more than we really do?" The Decision Lab.
192 Michele W. Berger, "Social media use increases depression and loneliness," *Penn Today*（November 9, 2018）.
193 Cam, "The Feynman Technique," A&S Academic Advising and Coaching, University of Colorado, Boulder（August 7, 2020）.
194 Saloni Dattani, Lucas Rodés-Guirao, Hannah Ritchie, Esteban Ortiz-Ospina, and Max Roser, "Life Expectancy," ourworldindata.org.
195 "Global Health Then and Now," World101（February 24, 2023）.
196 Aaron O'Neill, "Child mortality rate（under five years old）in the United States, from 1800 to 2020," Statista（June 21, 2022）.
197 David Rosnick, "A History of Poverty Worldwide," Center for Economic and Policy Research（May 21, 2019）.
198 "Motor vehicle fatality rate in U.S. by year," Wikipedia.
199 "Annual working hours per worker," ourworldindata.org.

200 Matthew Cobb and Nathaniel Comfort, "What Rosalind Franklin truly contributed to the discovery of DNA's structure," *Nature*（April 25, 2023）.

201 Reed Jones, "Sexism in Science: Was Rosalind Franklin Robbed of a Nobel Prize?" *LMU This Week*, Loyola Marymount University（March 22, 2021）.

202 Dr. Daniel Crosby and Lara Coviello, "Why Women Are The Ultimate Behavioral Investors," FA（August 24, 2022）.

203 R. J. Shook, "Women Feel Ignored By Advisors, Study Says," *Forbes*（August 7, 2020）.

204 Lyle Daly, "Investing for Women: What You Should Know," *The Motley Fool*（September 26, 2023）.

205 "Women In Investment Management Initiative," CFA Institute.

206 Stevo Pavicevic , Jerayr（John）Haleblian, and Thomas Keil, "When Do Boards of Directors Contribute to Shareholder Value in Firms Targeted for Acquisition? A Group Information-Processing Perspective," *Organization Science*, Vol. 34:5（November 14, 2022）.

207 Matt Wade and Monica Attia, "View from the top: Why having women in the boardroom gives companies a boost," *The Sydney Morning Herald*（February 6, 2022）.

208 "How men and women really divide financial responsibilities," InvestmentNews.

財經企管　BCB880

財富的靈魂

行銷金融學家教你洞悉人性的致富心態

The Soul of Wealth: 50 Reflections on Money and Meaning

作者 —— 丹尼爾・克羅斯比（Daniel Crosby）
譯者 —— 卓妙容

副社長兼總編輯 —— 吳佩穎
財經館總監 —— 陳雅如
責任編輯 —— 楊伊琳
封面設計 —— 職日設計（特約）

出版者 —— 遠見天下文化出版股份有限公司
創辦人 —— 高希均、王力行
遠見・天下文化 事業群榮譽董事長 —— 高希均
遠見・天下文化 事業群董事長 —— 王力行
天下文化社長 —— 王力行
天下文化總經理 —— 鄧瑋羚
國際事務開發部兼版權中心總監 —— 潘欣
法律顧問 —— 理律法律事務所陳長文律師
著作權顧問 —— 魏啟翔律師
社址 —— 台北市 104 松江路 93 巷 1 號

讀者服務專線 —— 02-2662-0012 ｜ 傳真 —— 02-2662-0007, 02-2662-0009
電子郵件信箱 —— cwpc@cwgv.com.tw
直接郵撥帳號 —— 1326703-6 號遠見天下文化出版股份有限公司

電腦排版 —— 綠貝殼資訊有限公司（特約）
製版廠 —— 中原造像股份有限公司
印刷廠 —— 中原造像股份有限公司
裝訂廠 —— 中原造像股份有限公司
登記證 —— 局版台業字第 2517 號
總經銷 —— 大和書報圖書股份有限公司 電話／(02)8990-2588
出版日期 —— 2025 年 06 月 06 日第一版第一次印行

定價 —— NT 450 元

ISBN —— 978-626-417-395-7
EISBN —— 978-626-417-402-2（EPUB）、978-626-417-403-9（PDF）
書號 —— BCB880
天下文化官網 —— bookzone.cwgv.com.tw

國家圖書館出版品預行編目（CIP）資料

財富的靈魂 / 丹尼爾．克羅斯比（Daniel Crosby）著；卓妙容譯 . -- 第一版 . -- 臺北市：遠見天下文化出版股份有限公司，2025.06
336 面；14.8×21 公分（財經企管；BCB880）
譯自 : The Soul of Wealth: 50 Reflections on Money and Meaning
ISBN 978-626-417-395-7（平裝）
1. CST：金錢心理學 2. CST：理財 3. CST：投資
561.014　　114006284

天下文化

BELIEVE IN READING